Peter Storz
Georg Gloeckner

Durchgebissen

Ein Weg durch die praktische Prüfung im Zahntechnikerhandwerk

Peter Storz
Georg Gloeckner

Durchgebissen

Ein Weg durch die praktische Prüfung im Zahntechnikerhandwerk

Verlag Neuer Merkur GmbH

Bibliografische Informationen Der Deutschen Bibliothek
Die Deutsche Bibliothek verzeichnet diese Publikation in der Deutschen Nationalbibliografie; detaillierte bibliografische Daten sind im Internet über http://dnb.ddb.de abrufbar.

Verlagsort: Postfach 46 08 05, D-80916 München

Peter Storz / Georg Gloeckner, Durchgebissen – Ein Weg durch die praktische Prüfung im Zahntechnikerhandwerk
1. Auflage – ISBN 3-929360-78-0

Layout und Titelgestaltung: Peter Hänssler

Druck: Mundschenk Druck + Medien, Kropstädt

Vorwort

Am 1. August 1998 trat eine neue Verordnung über die Berufsausbildung zum Zahntechniker/zur Zahntechnikerin in Kraft. Der § 8 dieser Verordnung beschreibt die Arbeiten, welche in der praktischen Gesellenprüfung ausgeführt werden sollen. Die Verordnung hat Gesetzescharakter und ist für die zur Durchführung der praktischen Prüfung Beauftragten verbindlich.

Es bestehen regionale Unterschiede in der Organisation des Prüfungsablaufes, in der Ausstattung der Prüfungsräume, in der Aufgabenstellung und in welcher Form das vom Prüfling verlangte Planen, Protokollieren der Arbeitsschritte sowie Bewerten des Ergebnisses geprüft wird. Prüfungsmodelle werden teilweise gestellt oder werden von den Prüfungsteilnehmern vor Beginn der eigentlichen Prüfung nach besonderen Angaben selbst angefertigt. Um Unsicherheiten auszuschließen sollte sich jeder Prüfungsteilnehmer frühzeitig um Informationen über die für ihn gültigen Prüfungsmodalitäten bemühen.

Das vorliegende Buch kann diese regionalen Besonderheiten nicht berücksichtigen. Die Autoren möchten exemplarisch einen Weg durch die praktische Prüfung veranschaulichen und insbesondere den Auszubildenden eine Hilfestellung zur Vorbereitung auf die praktische Prüfung geben. Fachliche Diskussionen mit Ausbildern um Vorgehen und Arbeitsweisen sind ausdrücklich erwünscht.

Stuttgart, im Oktober 2002

Peter Storz Georg Gloeckner

Inhaltsverzeichnis

Verordnung über die Berufsausbildung zum Zahntechniker/zur Zahntechnikerin

Auszug aus § 8

Gesellenprüfung

(1) Die Gesellenprüfung erstreckt sich auf die in der Anlage zu § 4 aufgeführten Fertigkeiten und Kenntnisse sowie auf den im Berufsschulunterricht vermittelten Lehrstoff, soweit er für die Berufsausbildung wesentlich ist.

(2) Der Prüfling soll im praktischen Teil der Prüfung in insgesamt 27 Stunden drei Prüfungsstücke anfertigen und in insgesamt fünf Stunden eine Arbeitsprobe durchführen. Dem Prüfling ist vor der Prüfung Gelegenheit zu geben, die technischen Einrichtungen des Prüfungslabors kennen zu lernen. Als Prüfungsstücke kommen insbesondere in Betracht:

1. Herstellen einer dreigliedrigen Brücke mit einer keramisch verblendeten Krone im Frontzahnbereich, einer Vollgusskrone im Seitenzahnbereich und einem zur keramischen Verblendung vorbereiteten Zwischenglied einschließlich Planen und Protokollieren der Arbeitsschritte sowie Bewerten des Ergebnisses,

2. Herstellen eines Primärteils einer Doppelkrone sowie Modellieren einer Vollgusskrone in Wachs mit Einarbeiten eines konfektionierten Geschiebes und einer gefrästen Umlaufraste unter Berücksichtigung einer gemeinsamen Einschubrichtung einschließlich Planen und Protokollieren der Arbeitsschritte sowie Bewerten des Ergebnisses und

3. Herstellen nach Vorgabe einer Modellgussprothese mit höchstens vier Klammern, Konstruieren, Modellieren und Fertigstellen eines Modellgussgerüstes in Metall mit höchstens sechs-zähniger Komplettierung in Prothesenmaterial einschließlich Planen und Protokollieren der Arbeitsschritte sowie Bewerten des Ergebnisses.

Als Arbeitsprobe kommt insbesondere in Betracht:

Einstellen von Modellen nach mittleren Werten in einen Kieferbewegungssimulator, Aufstellen einer totalen Ober- und Unterkieferprothese zur Anprobe unter Berücksichtigung der Modellanalyse und vorgegebener Werte, Prüfen der Aufstellung auf Einhaltung vorgegebener Werte einschließlich Planen und Protokollieren der Arbeitschritte sowie Bewerten des Ergebnisses.

Die Prüfungsstücke sollen zusammen mit 75 vom Hundert und die Arbeitsprobe mit 25 vom Hundert gewichtet werden.

Zeichenerklärung

Die unten verwendeten Zeichen sollen auf Besonderheiten während der Herstellung der einzelnen Arbeiten hinweisen. Sie entsprechen nicht der üblichen Sicherheitskennzeichnung und sollen ein Hinweis auf etwaige Gefahren sein.

Schutzbrille empfohlen

Nicht mit bloßen Händen anfassen

Mundschutz empfohlen

Die nachfolgenden Zeichen in den Bildern sind Hinweise auf Tipps oder auf erhöhte Aufmerksamkeit.

Tipp

!

Achtung! Erhöhte Aufmerksamkeit

☺ Diese Tipps können euch hilfreich sein

! Diese Hinweise beschreiben mögliche Probleme und wie man diese vermeidet

Das Ziel

In der Verordnung über die Berufsausbildung zum Zahntechniker/zur Zahntechnikerin sind für den praktischen Teil der Gesellenprüfung drei Prüfungsstücke und die Arbeitsprobe beschrieben.

Unterschiede bei der Aufgabenstellung sind jedoch aufgrund regionaler Besonderheiten möglich.

Um Überraschungen bei Prüfungsbeginn zu vermeiden muss möglichst frühzeitig erfragt werden, wie die genaue Aufgabenstellung für die praktische Prüfung in ihrer Region lautet.

Die nachfolgend dargestellten Arbeiten entsprechen den Angaben in § 8 der auf Seite 8 genannten Verordnung. Die einzelnen Arbeiten sind in wichtige Arbeitsschritte untergliedert und durch Tipps oder Hinweise ergänzt, welche bei der Herstellung der Arbeiten hilfreich sein können.

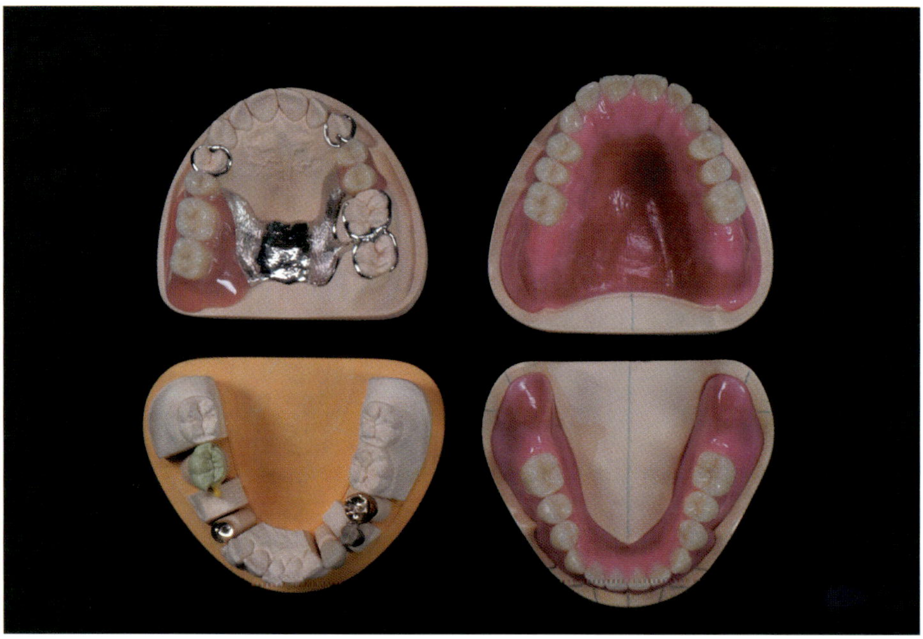

Die Prüfungsmodelle

Regional gibt es bei den Prüfungsmodellen starke Unterschiede. Es kommen verschiedene Modellsysteme und Materialien zum Einsatz. Es werden sowohl Kunststoffstümpfe als auch Gipsstümpfe eingesetzt. In vielen Gebieten werden Wochen vor der Prüfung Zahnkränze ausgegeben. Aus diesen soll der Prüfungsteilnehmer selbst sein Prüfungsmodell herstellen und in einer vorgegebenen Frist an den Prüfungsort senden. In anderen Gegenden werden die Prüfungsmodelle fix und fertig zu Beginn der praktischen Prüfung ausgegeben.

Grundsätzlich muss beachtet werden dass alle selbst auszuführenden Arbeitschritte bei der Modellvorbereitung sorgfältig überlegt und sauber ausgeführt werden müssen. Materialien müssen zweckentsprechend ausgesucht und verwendet werden. Mangelhafte Ausführung kann beim späteren Herstellen der Prüfungsarbeiten zu Schwierigkeiten führen und bewirkt einen schlechten ersten Eindruck bei den bewertenden Kommissionsmitgliedern.

Hier ein Beispiel, wie man nach einem üblichen Verfahren ein sauberes Stumpfmodell herstellen kann, davon ausgehend, dass die Kommission einen Zahnkranz oder eine entsprechende Silikonform zur Verfügung stellt.

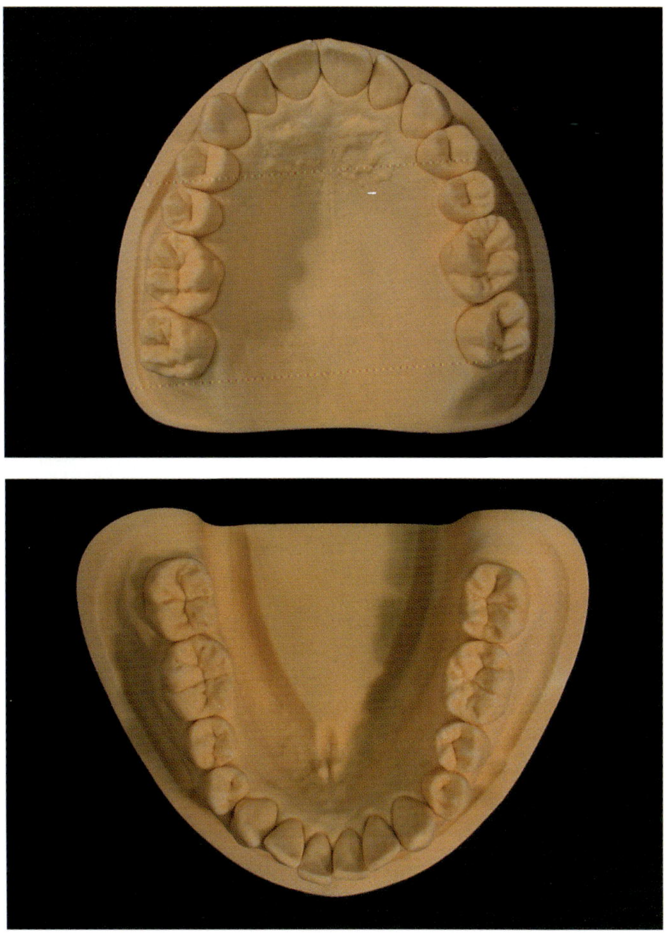

Abb. 1 – 2
Situations- und Gegenbissmodell

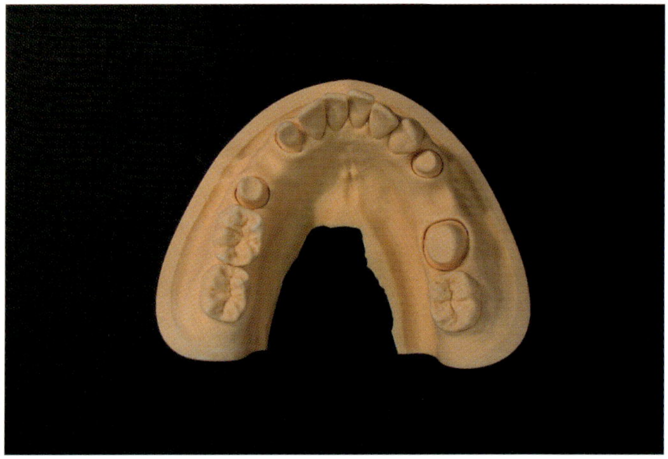

Abb. 3
entformter
Zahnkranz

Der entformte Zahnkranz wird basal plan und allseitig konisch beschliffen. Basal werden mit einem geeigneten Pinbohrgerät parallele Löcher gebohrt.

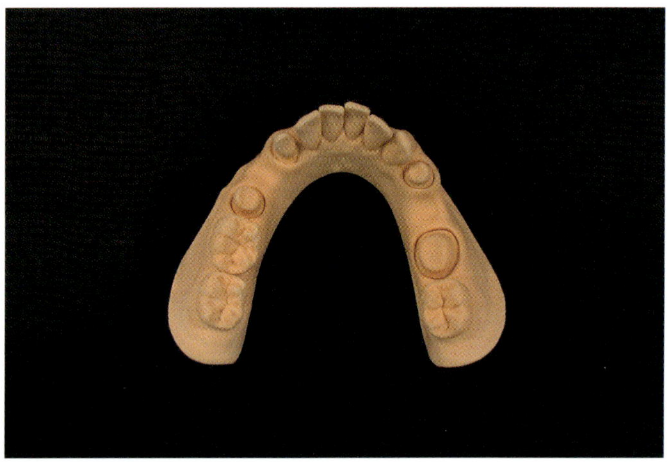

Abb. 4
beschliffener
Zahnkranz

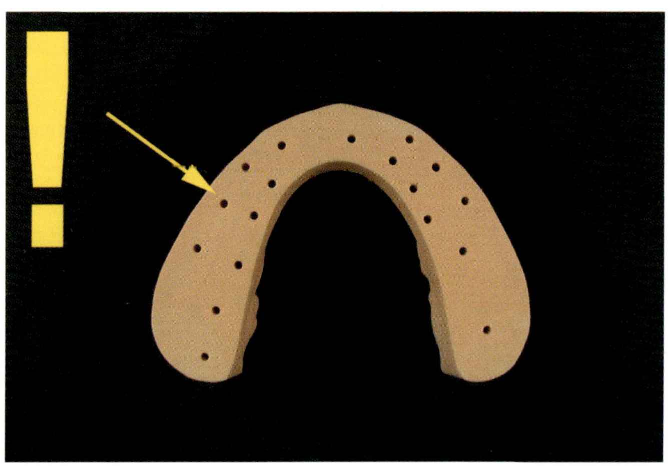

Abb. 5
Bohrungen
für die Pins

☺ Je Stumpf oder Segment, welches später einzeln vom Modellsockel abnehmbar sein soll, müssen zwei oder ggfs. mehr Bohrungen gesetzt werden. So wird ein späteres Verdrehen im Modellsockel verhindert. Die Löcher sollen ausreichenden Abstand voneinander haben, um ein vollständiges Umfließen der Pins mit Gips bei der Sockelherstellung zu ermöglichen.

Nun werden die Pins eingeklebt und Hülsen aufgesteckt und die Gipsflächen gegen den Sockelgips isoliert. Die Sockelform wird vorbereitet und eine geeignete Metallplatte auf dem magnetischen Sockelboden fixiert. Wird, wie hier gezeigt, ein spezieller dünnfließender Sockelgips verwendet, so wird der vorbereitete Zahnkranz in die Sockelform gestellt. Der Sockelgips wird nach Herstellerangaben unter Vakuum angemischt und in dünnem Strahl in die Sockelform gefüllt.

! Ein Kippen des Zahnkranzes nach frontal kann verhindern, dass sich darunter Lufteinschlüsse bilden und so zu einer mangelhaften Basisfläche führen.

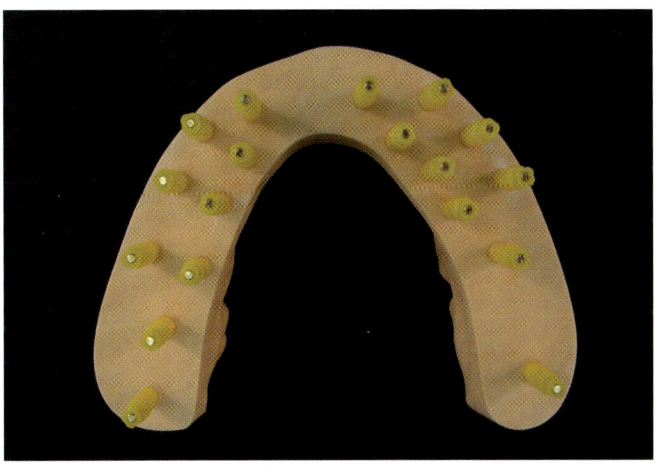

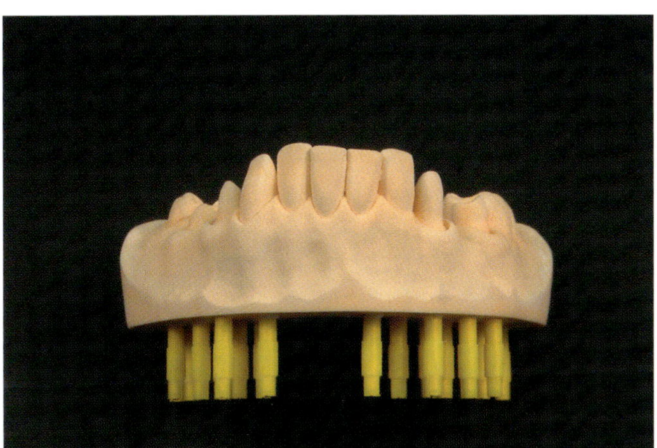

Abb. 6 – 7
Zahnkranz mit aufgesteckten Hülsen

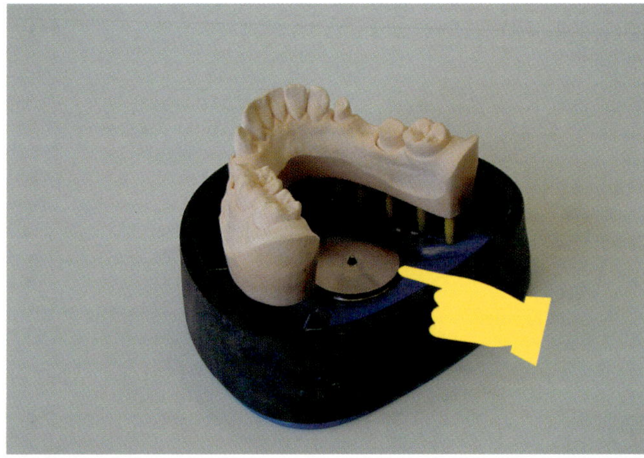

Abb.8
Die Sockelform wird vorbereitet

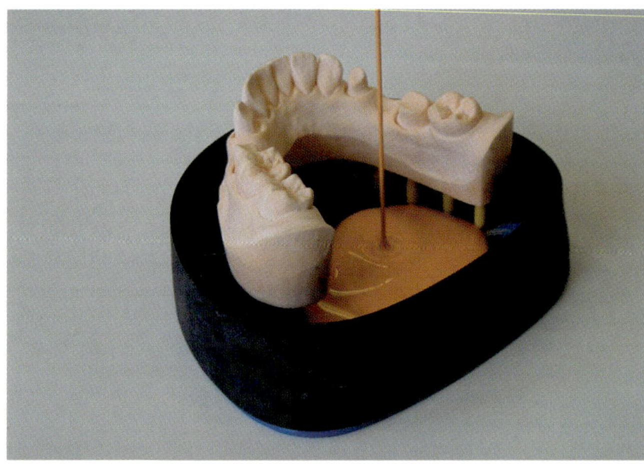

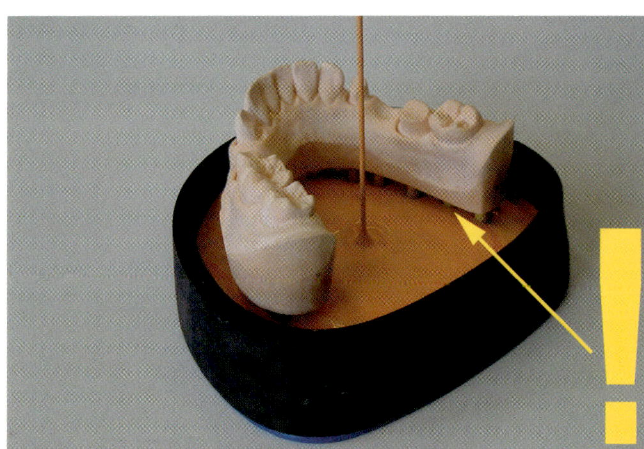

Abb. 9 – 10
In dünnem Strahl wird der Sockelgips eingefüllt

Nach Ende der vorgesehenen Abbindezeit wird ein Split-Cast-Sockel hergestellt. Hierzu wird die Sockelplatte entfernt, der Modellboden isoliert und ein Magnettopf aufgesetzt. Danach wird der Split-Cast-Sockel blasenfrei ausgegossen.

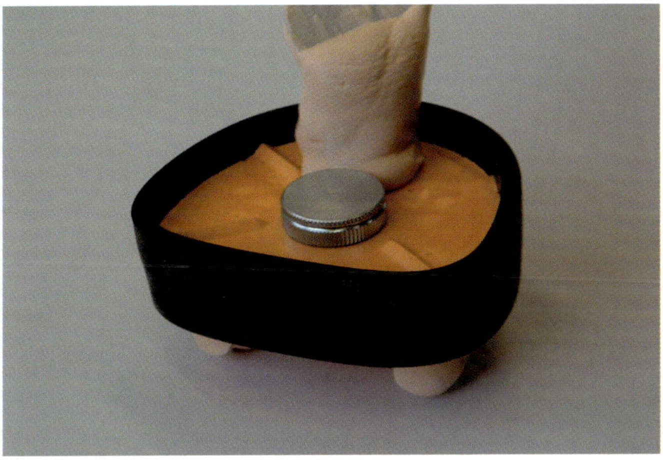

Abb. 11 – 12
Der Gips wird auf die isolierte Basisfläche aufgebracht und bis zum Rand der Manschette eingefüllt

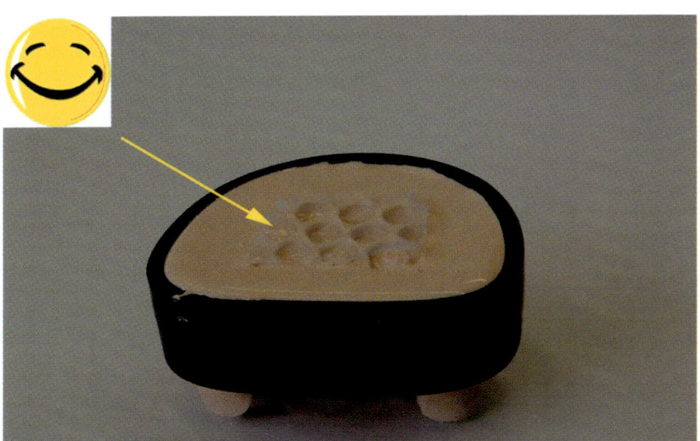

Abb. 13
Polsterfolie im Zentrum des Split-Cast-Sockels

☺ Ein Stück in den weichen Gips eingelegte Polsterfolie schafft die nötige Retention zum Artikulationsgips. Wird das Polsterfolienstück entsprechend beschnitten, so ist nach dem Einartikulieren vom Split-Cast-Boden nur eine glatte Gipsfläche sichtbar, der Zweck der mechanischen Verbindung zum Artikulationsgips aber trotzdem erfüllt.

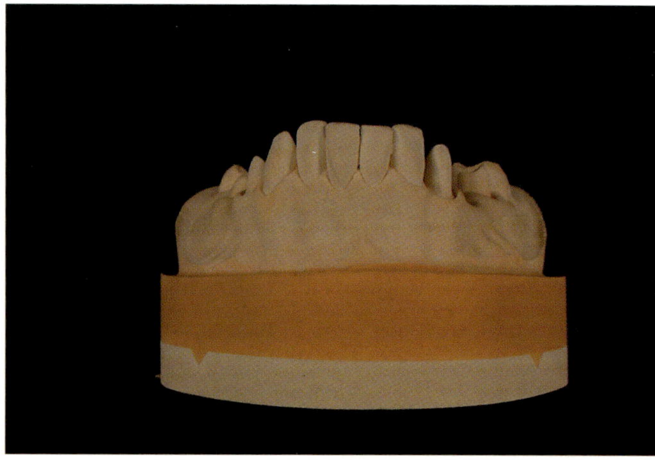

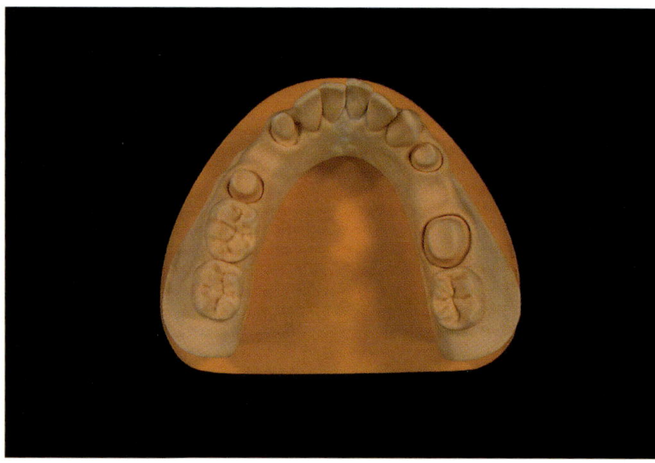

Abb. 14 – 15
Das fertig gesockelte Modell

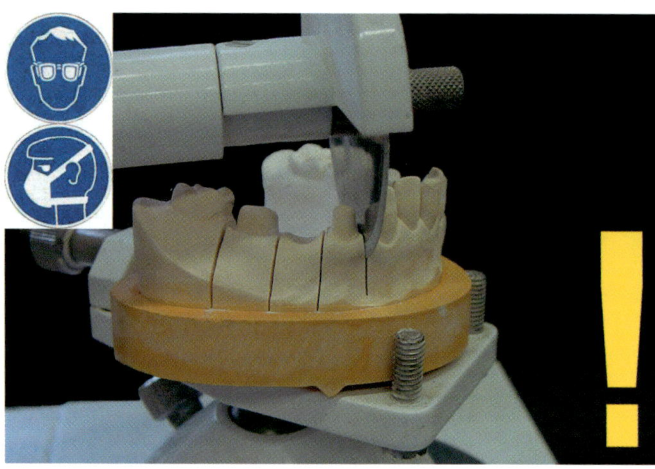

Abb. 16
Die Stümpfe werden gesägt

Sind die Sägeschnitte nicht ohne Beschädigungsgefahr für Präp.-Grenzen zu setzen, so muss der Zahnkranz abgehoben und von unten mit einer im Handstück eingespannten, geeigneten Trennscheibe unter Beachtung der Arbeitssicherheitsmaßnahmen zerteilt werden.

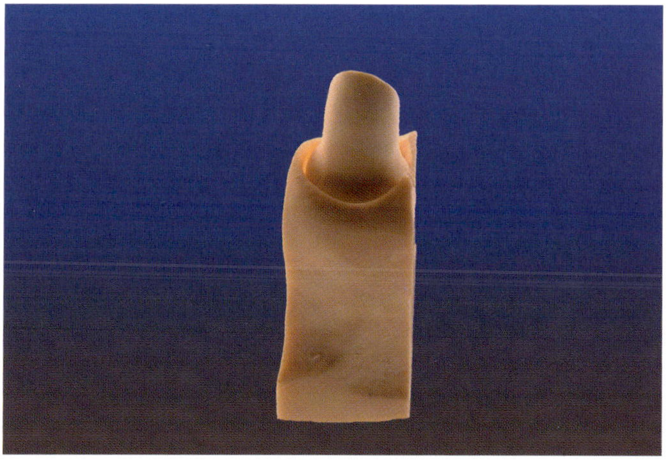

Abb. 17
gesägter
Einzelstumpf

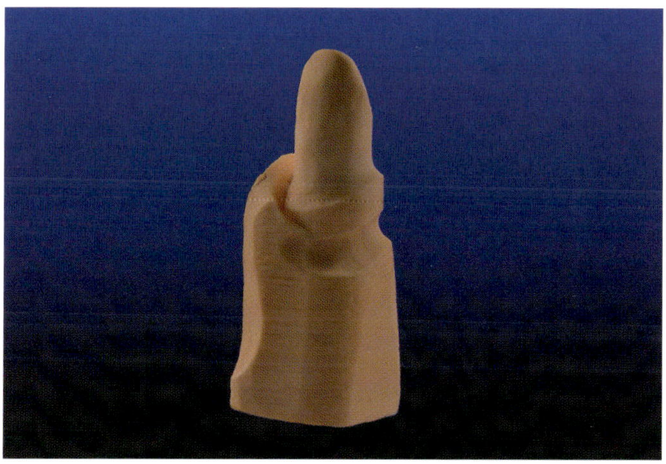

Abb. 18
teilweise beschlif-
fener Stumpf

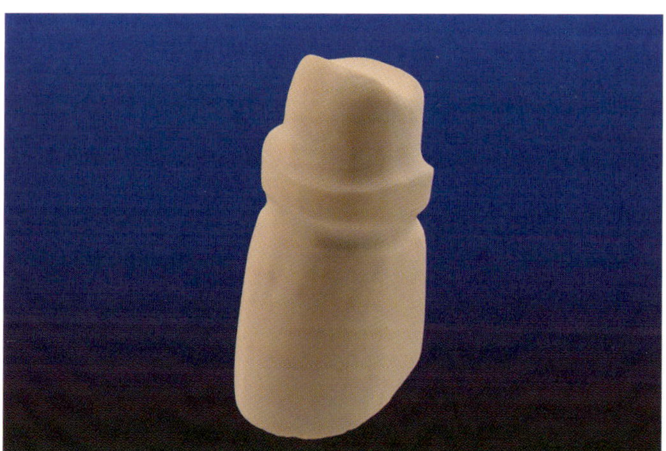

Abb. 19
fertig beschliffener
Stumpf mit
„tiefergelegter"
Hohlkehle

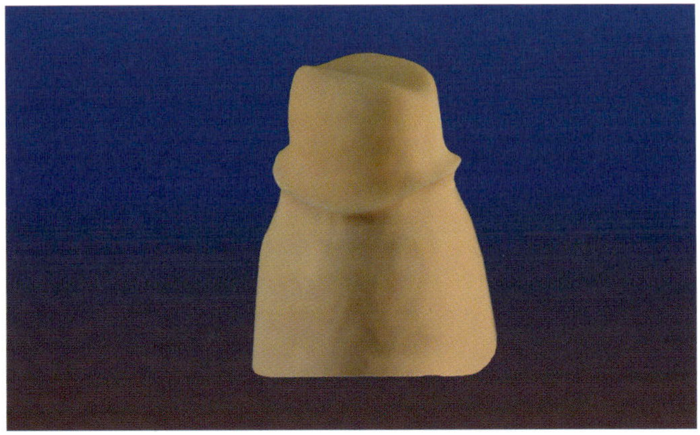

Abb. 20 fertig beschliffener Stumpf mit „normaler“ Hohlkehle

Bei der Vorbereitung der Stümpfe wird eine Hohlkehle unter die Präparationsgrenze gelegt. Diese Hohlkehle hält später das Tauchwachs am Stumpf fest und verhindert ein Abheben des Tauchkäppchens vom isolierten Stumpf. Üblicherweise wird die Hohlkehle direkt unter die Präparationsgrenze gelegt. Bei der hier dargestellten „Tieferlegung“ wird einer möglichen Manipulation der Präparationsgrenze vorgebeugt.

Nun wird die Präparationsgrenze markiert, die Anzeichnung mit Stumpfhärter fixiert, gegebenenfalls der Stumpf lackiert und nach Trocknung isoliert.

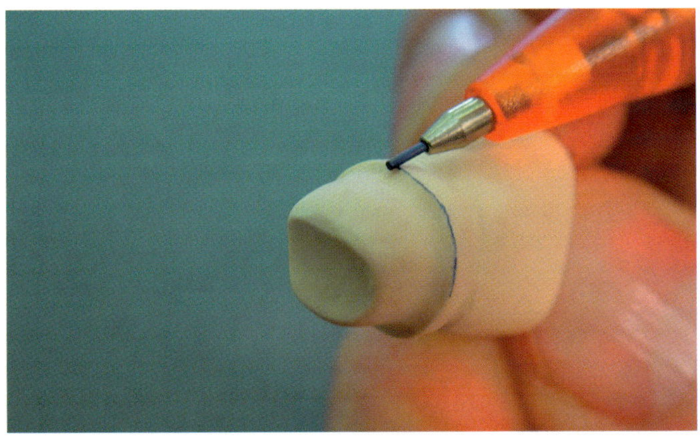

Abb. 21 Präparationsgrenze wird angezeichnet

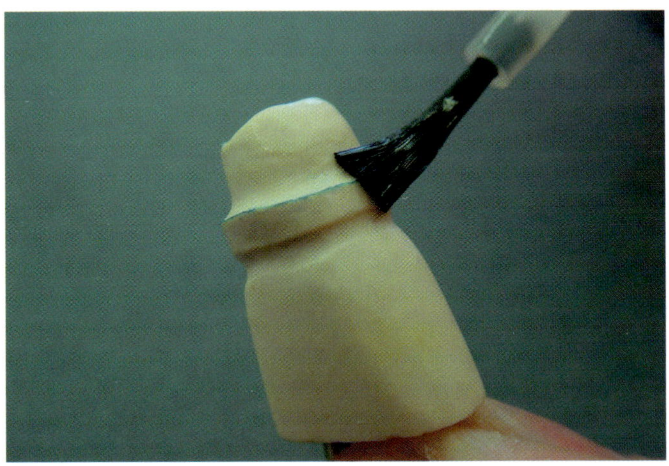

Abb. 22 Fixieren der Anzeichnung

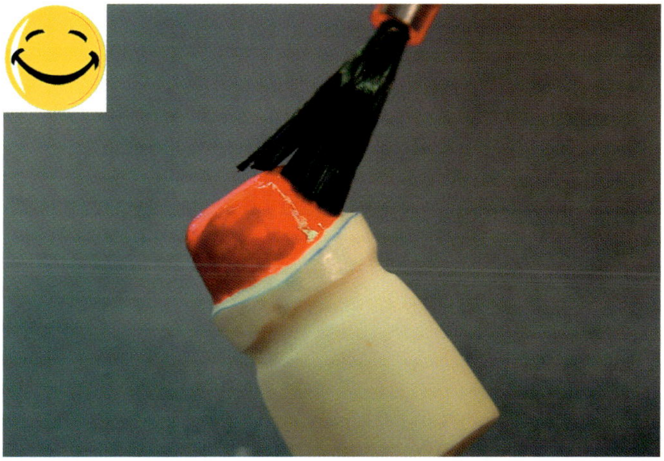

Abb. 23
Lackieren der Stümpfe

- Da Prüfungsarbeiten in der Regel niemandem eingesetzt werden, kann auf den Platzhalterlack verzichtet werden. Allerdings wird die gewohnte Beurteilung der Wachsstärke schwieriger, da ein anderer Farbeindruck entsteht. Angaben der Kommission hierzu beachten!

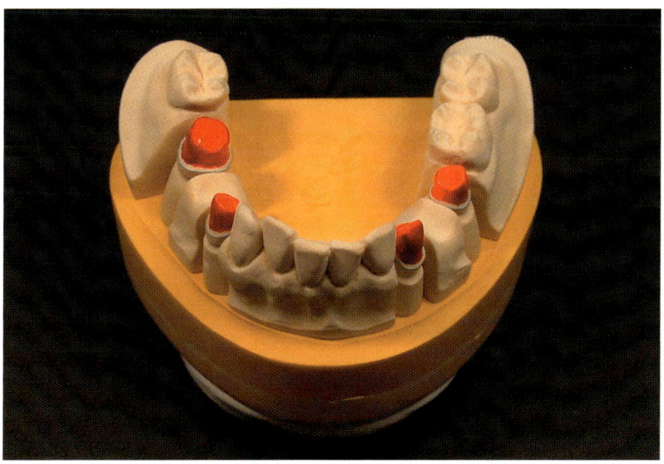

Abb. 24
fertig vorbereitetes Modell für die Prüfungsstücke 1 und 2

- Werden Modelle im Vorfeld der Prüfung von euch selbst hergestellt, verpackt diese vor dem Versand nicht luftdicht! Beim Auspacken könntet ihr eine Überraschung in Form übelriechender, verschimmelter Modelle vorfinden! Genügend Polstermaterial verwenden! (vgl. Abb. 360)

- Wegen des langen Zeitraumes zwischen Modellherstellung und Prüfungsbeginn sind die Prüfungsmodelle meist stark ausgetrocknet. Bei Wasserkontakt am Dampfstrahler oder Ausbrühgerät besteht durch die schnelle Wasseraufnahme höchste Gefahr, dass das Modell zerspringt! Deshalb ist ausreichendes Wässern angesagt!

Einstellen von Modellen nach mittleren Werten in einen Kiefer-bewegungssimulator

In der Verordnung über die Berufsausbildung zum Zahntechniker/zur Zahntechnikerin ist im § 8 bei der Beschreibung der Prüfungsarbeiten nur bei der Arbeitsprobe das Einartikulieren in Worten aufgeführt. Viele Kommissionen ermöglichen es den Prüfungsteilnehmern deshalb vor Beginn der eigentlichen Prüfungszeit ihre Modelle in den Artikulator zu stellen. Die hier beschriebene Methode mag für den Alltag zu langwierig oder umständlich erscheinen. Während der Prüfung gibt die Methode jedoch Sicherheit und bewahrt vor zufälligen Ergebnissen. Da die Kneteigenschaften ausschlaggebend für den Erfolg sind sollte die verwendete Knetmasse vorher ausprobiert werden.

Zuerst wird der Artikulator auf Vollständigkeit geprüft. Oft fehlen der Inzisalzeiger oder die Frontzahnführungsteller. Werden eigene Artikulatoren verwendet, so müssen diese gereinigt und auf Funktionsfähigkeit, insbesondere der Kondylenführungen, geprüft werden.

Der Inzisalstift wird auf die Nullmarkierung eingestellt. Sind keine weiteren Angaben bekannt, so werden soweit möglich Mittelwerte eingestellt: Bennetwinkel 15°, Kondylenbahnneigung 35°.

Sind Sockelplatten vorhanden, so werden diese fest eingeschraubt und alle Schrauben am Artikulator angezogen. Ein vorbereiteter Gummifaden wird in die entsprechenden Kerben am Artikulator eingelegt.

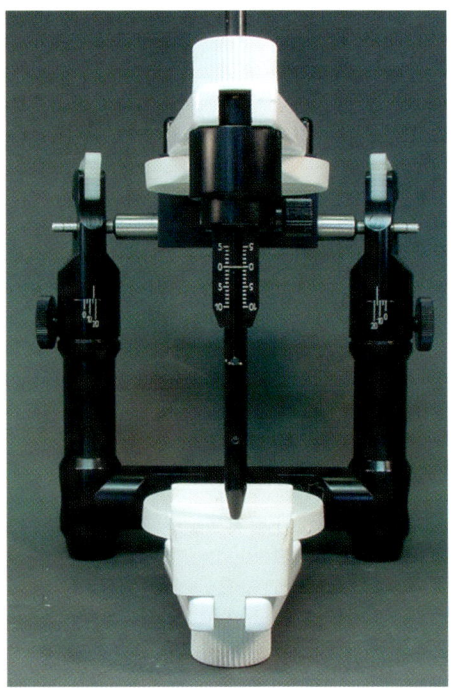

Abb. 25 Mittelwert-artikulator

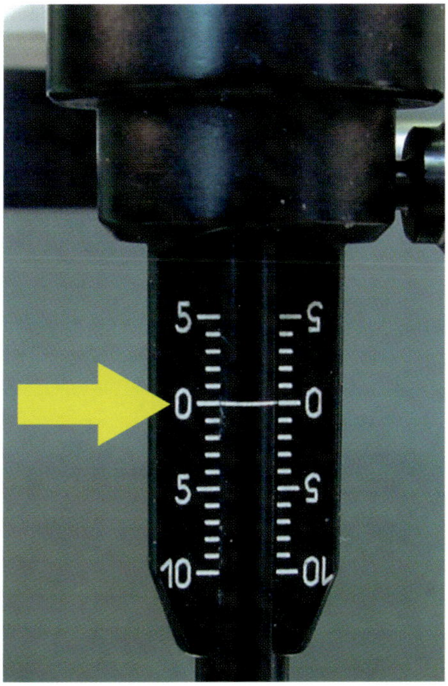

Abb. 26
Einstellung
Inzisalstift auf Null

Abb. 27
Einstellung
Bennettwinkel 15°
oder nach Angabe

Sind nicht alle Schrauben von Sockelplatten und Artikulator fest angezogen, so droht der Misserfolg!

Nach dem Vorbereiten des Artikulators wird das UK-Modell auf Knetmasse gesetzt und im Artikulator mittelwertig ausgerichtet: Inzisalpunkt auf Spitze des Inzisalzeigers, Spitzen der disto-bukkalen Höckerspitzen der zweiten Molaren auf Höhe des Gummifadens, Modell nicht seitlich verdreht.

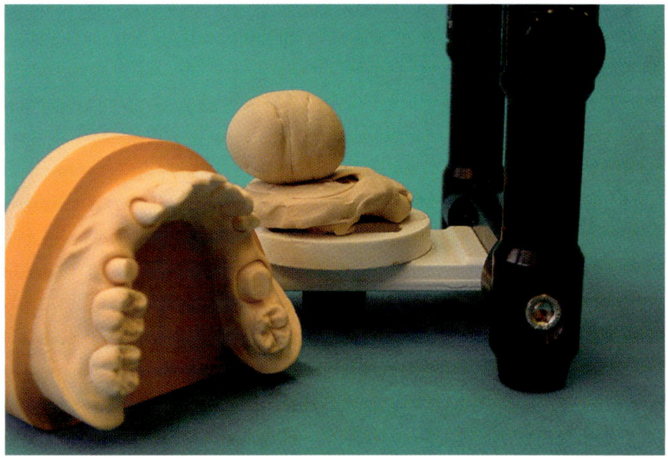

Abb. 28
Knetmasse zum Einrichten des UK-Modelles

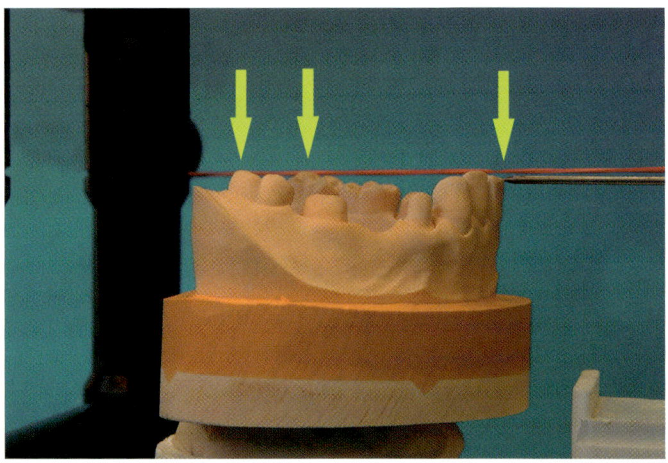

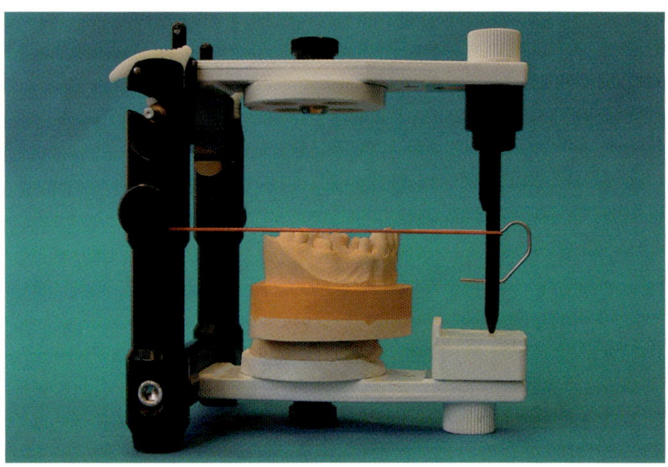

Abb. 29 – 31
Das UK-Modell wird mittelwertig ausgerichtet

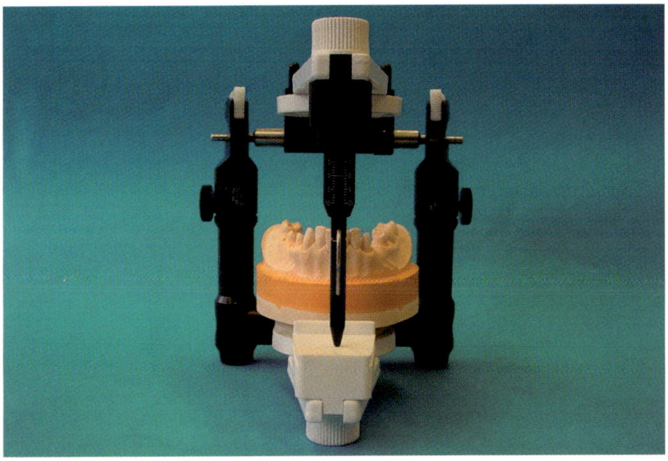

Abb. 31

☺ Ein Geo-Dreieck, welches auf das Modell gelegt wird und die hinteren Artikulatorholme berührt, hilft bei der Beurteilung, ob das Modell richtig zur Medianebene ausgerichtet ist.

Nachdem das Modell optimal auf dem Knet ausgerichtet ist, wird das gegebenenfalls isolierte und mit Magnettöpfen versehene Gegenbissmodell aufgesetzt und fixiert. Danach wird Artikulationsgips angemischt und das OK-Modell eingegipst. Ob „wolkig" oder nicht muss im Vorfeld abgeklärt werden. Nach dem Abbinden des Gipses wird der Artikulator umgedreht, die Knetmasse entfernt und das UK-Modell eingegipst.

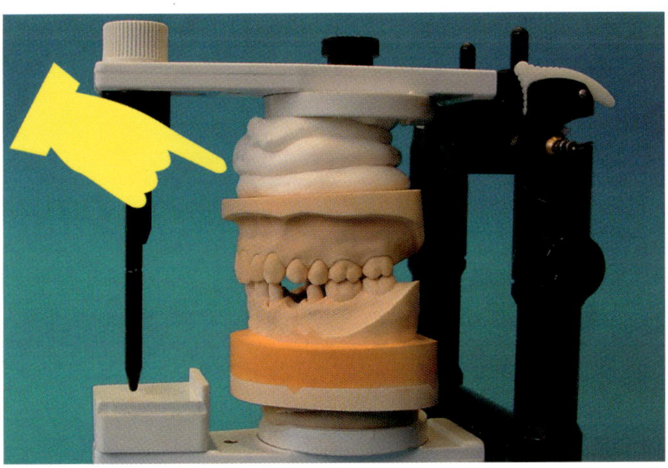

Abb. 32
OK-Modell
wolkig eingegipst

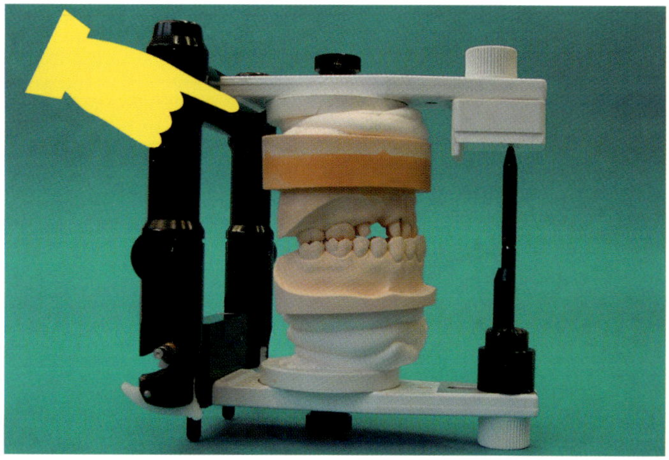

Abb. 33
UK-Modell eingegipst

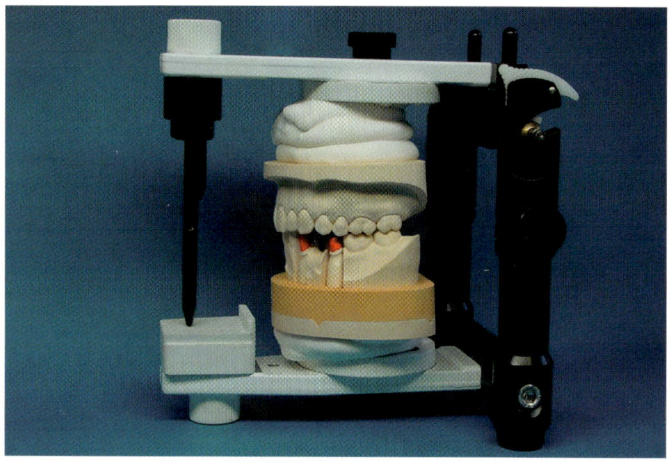

Abb. 34
Fertig einartikulierte Arbeit

☺ Verwendet bei der Prüfung nur einen euch bekannten Artikulationsgips – am besten den aus eurem Labor – und bringt diesen schon abgewogen in gekennzeichneten Plastiktütchen mit.

Während des Einartikulierens bei der Arbeitsprobe hat die Prüfungskommision anwesend zu sein. Es wird hierbei auch das Arbeitsverhalten beurteilt. Achtet also auch neben der Arbeit auf Sauberkeit, Anmischverhältnis beim Gipsanmischen, Säubern von Gipsnapf und Arbeitsplatz und Ähnliches.

! Die vorgegebenen Abbindezeiten des Gipses müssen eingehalten werden, sonst können Modelle herausbrechen und eine Wiederholung des Einartikulierens verursachen.

Die Brücke

Sind die vorbereitenden Maßnahmen abgeschlossen, so kann mit den eigentlichen Prüfungsarbeiten begonnen werden.

Nach dem Isolieren der Stümpfe werden Wachstauchkäppchen hergestellt. Die Wachskäppchen werden zur Bearbeitung der Kronenränder erst zurückgeschnitten, wenn die Modellation weitgehend abgeschlossen ist. Die Wachskontraktion verläuft somit in Richtung Modellstumpf. Ein Abheben der Ränder vom isolierten Modellstumpf wird somit verhindert.

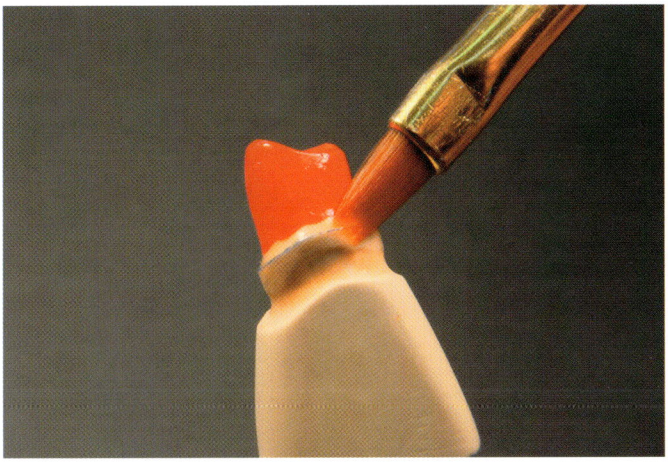

Abb. 35
Isolieren des Stumpfes

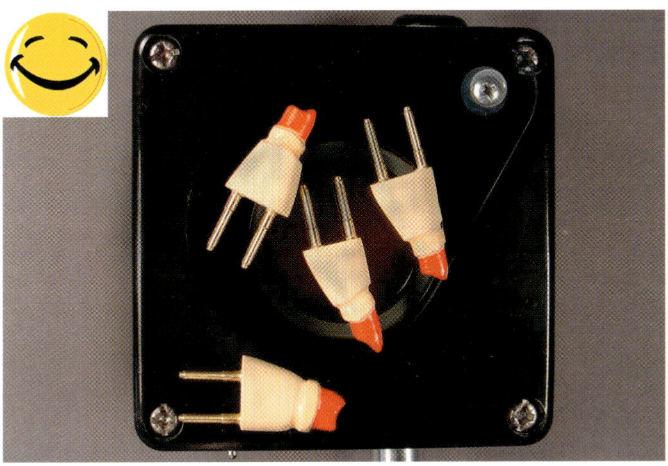

Abb. 36
Vorwärmen der Stümpfe auf dem Deckel der Wachstauchdose

☺ Ein Anwärmen der Stümpfe verhindert, dass sich auf der Innenseite der Wachskäppchen Rillen bilden.

Abb. 37
Wachsverstärkung

☺ An den okklusalen Stumpfkanten werden die Käppchen oft zu dünn. Eine vor dem Tauchen aufgetragene Wachsverstärkung kann dies verhindern.

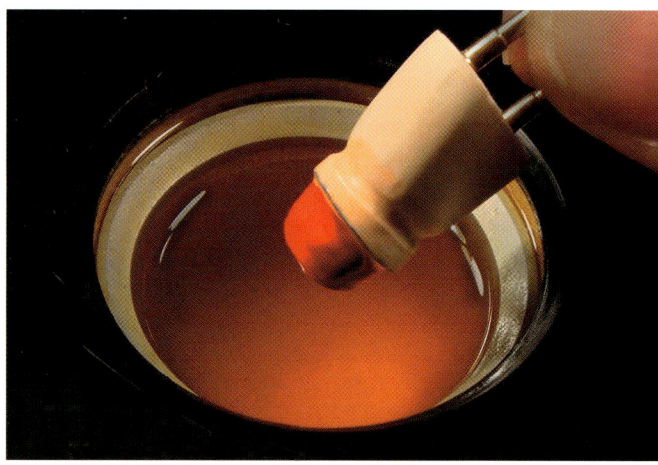

Abb. 38
Tauchen der Stümpfe

Abb. 39
Fertig getauchte Stümpfe

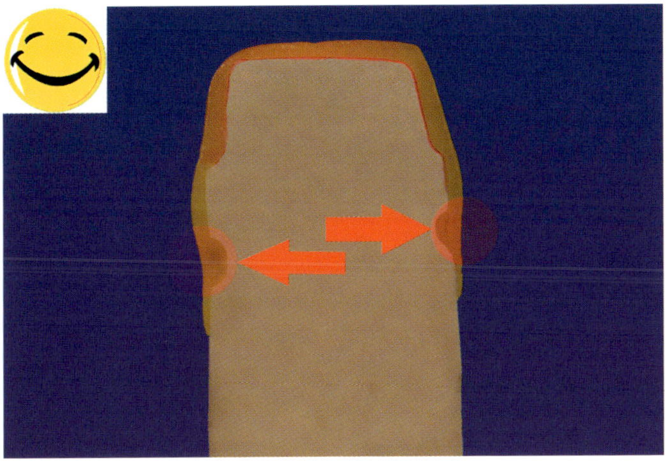

Abb. 40
Schnitt durch
einen Stumpf

☺ Die zirkuläre Hohlkehle hält das Tauchwachs am Stumpf fest. Dadurch kann sich das Käppchen nicht vom isolierten Stumpf abheben. Somit wird eine Korrektur der Kronenränder weitgehend überflüssig. Durch das Nachwachsen entstehende Rillen auf der Innenfläche werden vermieden.

Nach der Herstellung der Tauchkäppchen wird als erstes die Vollgusskrone modelliert. Die aufgebauten Höckerkegel entsprechen den Höckerspitzen. Höckerabhänge und Randleisten ergänzen die Modellation zu einem „Fischmaul". Die Außenform und die Kaufläche werden anatomisch-funktionell ergänzt. Jeder Modellationsschritt muss statisch und dynamisch kontrolliert und gegebenenfalls korrigiert werden.

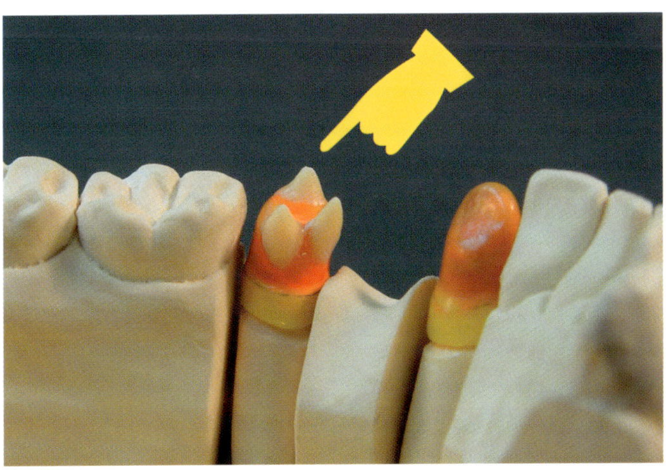

Abb. 41 – 43
Aufbau der
Höckerspitzen

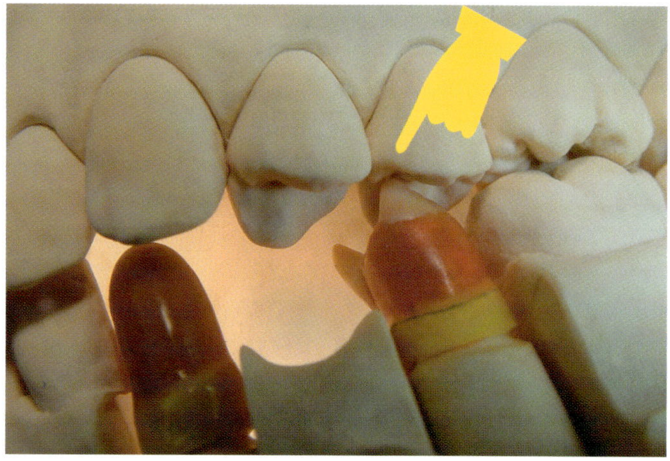

Abb. 42

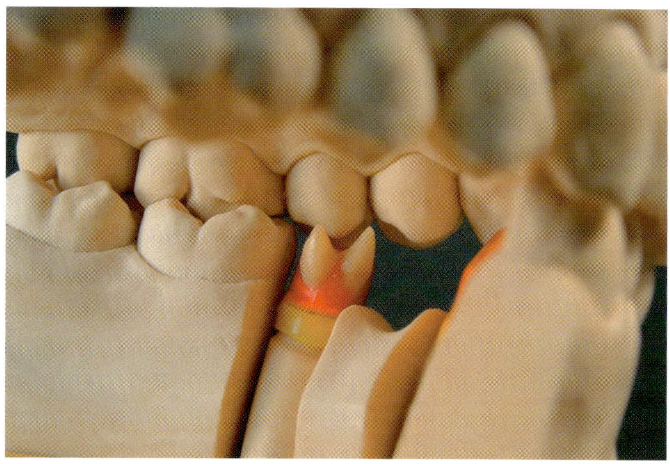

Abb. 43

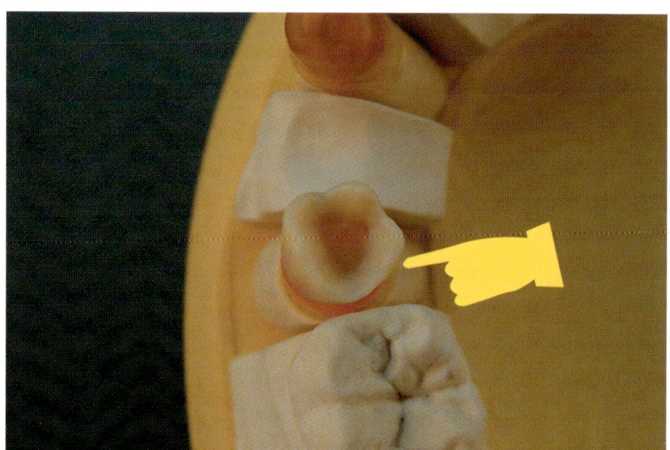

Abb. 44
Aufbau der
Randleisten

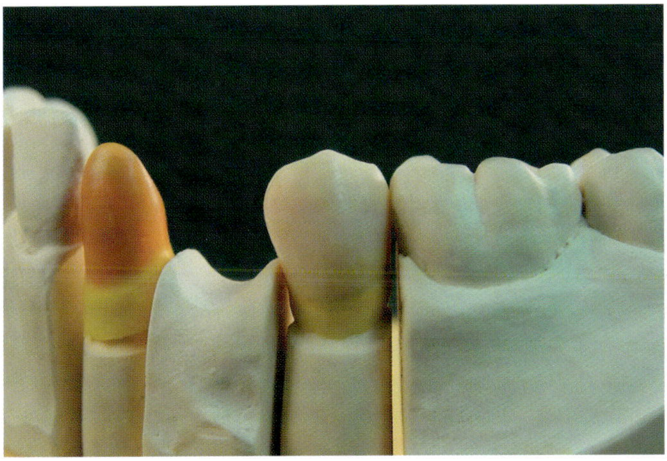

Abb. 45
Anatomische Außenform

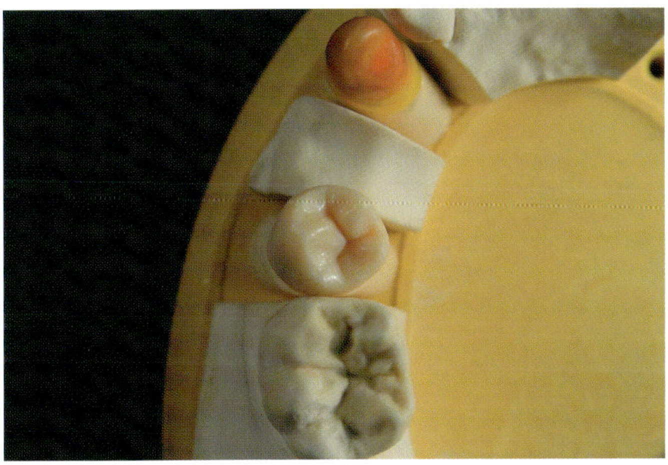

Abb. 46 – 47
Anatomische, funktionelle Kaufläche

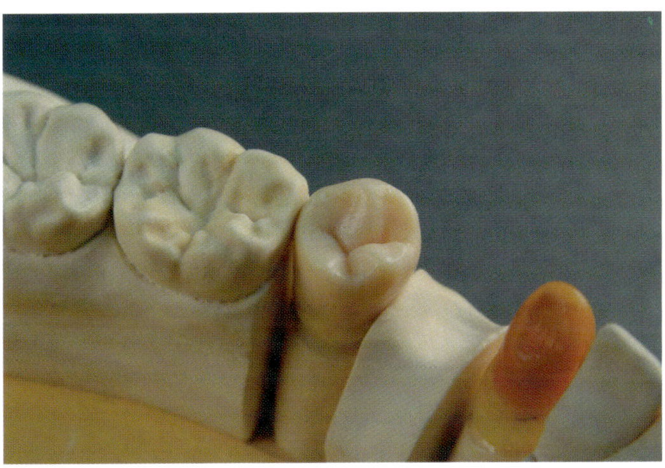

Im nächsten Schritt wird das zu verblendende Kronengerüst in verkleinerter Zahnform modelliert. Eine zirkuläre, im sichtbaren Bereich schwach ausgeprägte Stufe schafft einen sauberen Kronenrand und einen definierten Abschluss zur Keramik.

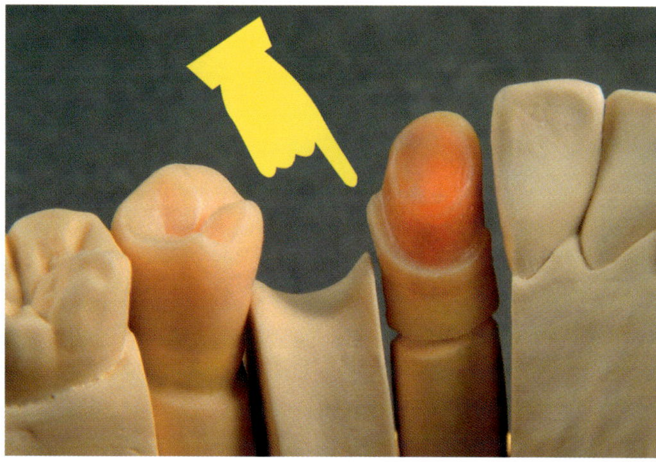

Abb. 48
Aufgebauter Abschlussrand

Für das Zwischenglied wird ein Stück Gusswachsdraht, welches in eine verkleinerte Zahnform gebracht wird, vorbereitet. Als Platzhalter wird eine Wachsplatte in der gewünschten Stärke auf dem zahnlosen Kieferkammabschnitt adaptiert und an den Rändern festgewachst. Nach dem Isolieren der Wachsplatte wird eine Gusswachsplatte als Basis für das Zwischenglied aufgezogen und fixiert. Auf diese kann nun das vorgeformte Zwischenglied aufgesetzt und angewachst werden. Wichtig ist hierbei, dass das Zwischenglied nur mit der oberen Wachsplatte verbunden wird. So wird das Zwischenglied sicher auf dem Modell fixiert. Die Nachbarstümpfe können so problemlos zur Randkorrektur herausgenommen werden.

Abb. 49 – 50
Vorbereitetes, der Zahnform angepasstes Zwischenglied

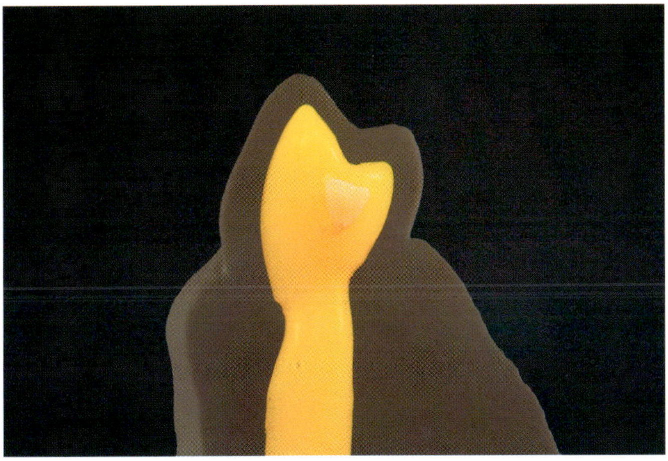

Abb. 50

☺ Darf kein Fertigteil für das Zwischenglied verwendet werden, so lässt sich dieses leicht aus einem Stück Gussdraht herstellen.

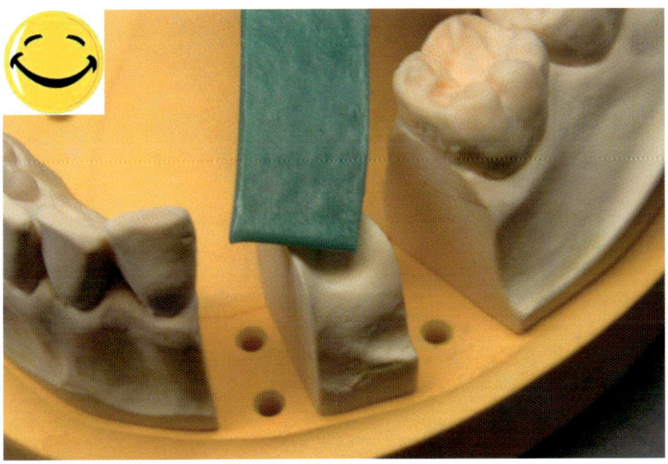

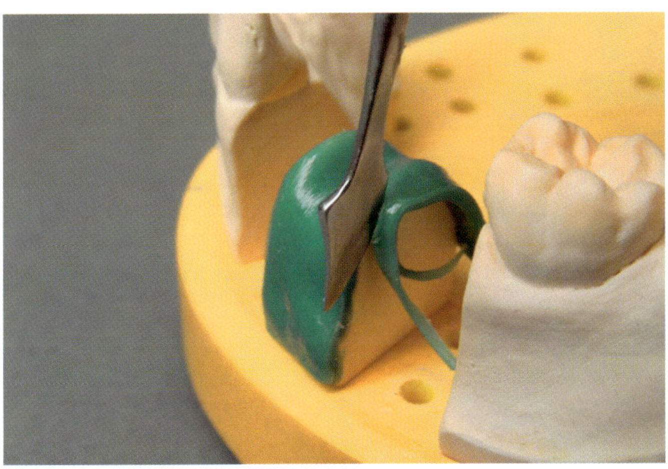

Abb. 51 – 53 Adaptieren und Fixieren einer Wachsplatte als Platzhalter

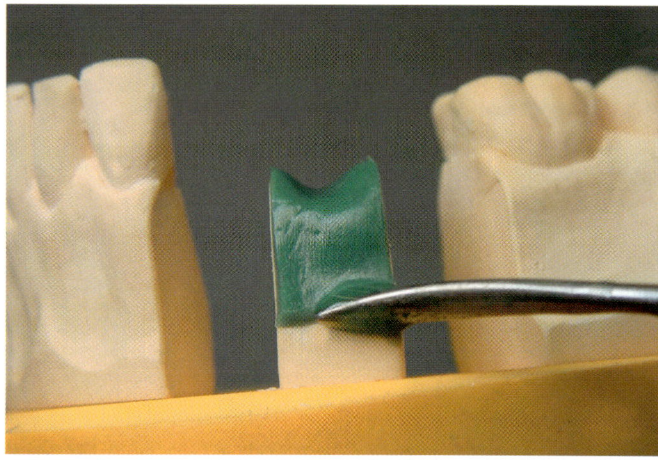

Abb. 53

☺ Da das Zwischenglied nicht verblendet wird ist auch die basale Gestaltung wichtig. Eine Wachsplatte als Platzhalter garantiert einen gleichmäßigen, definierten Abstand.

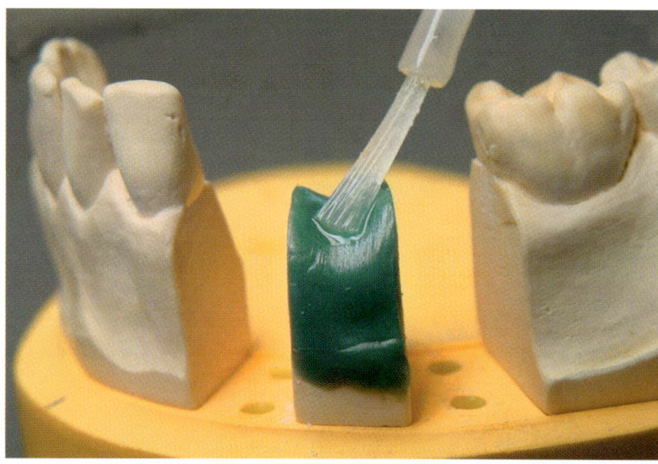

Abb. 54 Isolieren

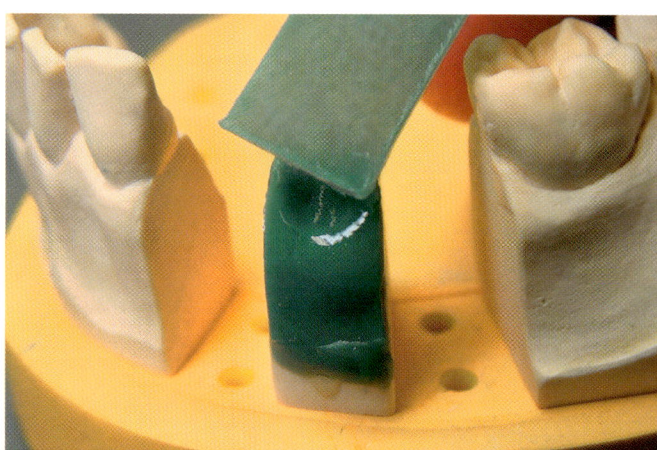

Abb. 55 – 58 Aufziehen der Basiswachsplatte

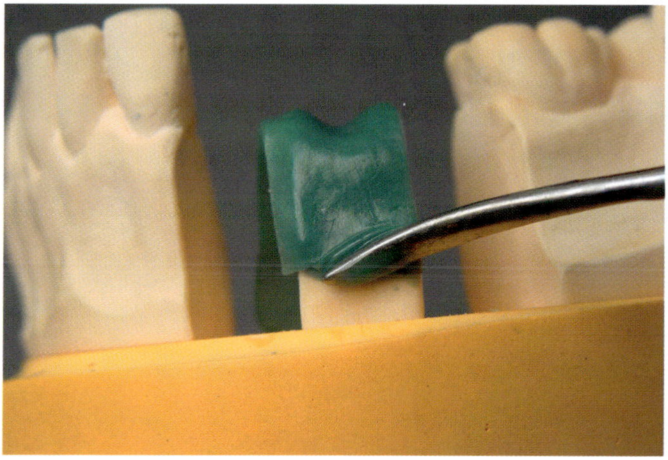

Abb. 56

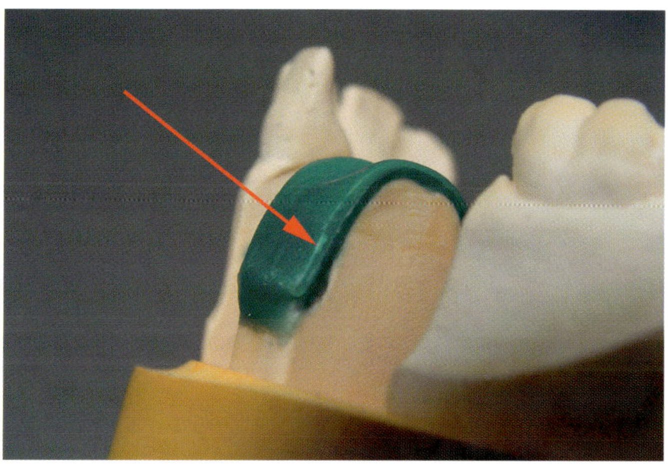

Abb. 57

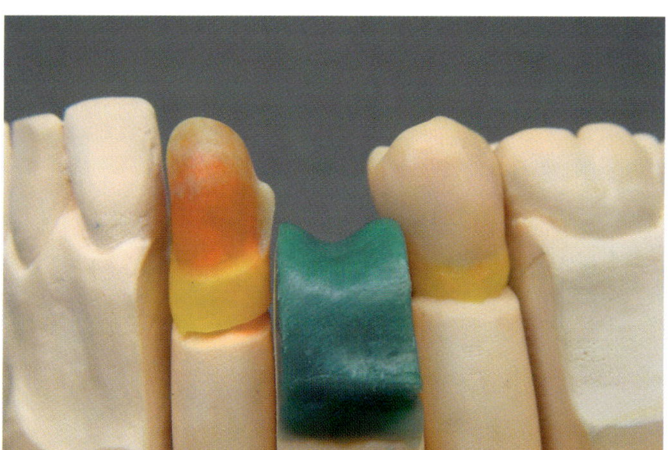

Abb. 58

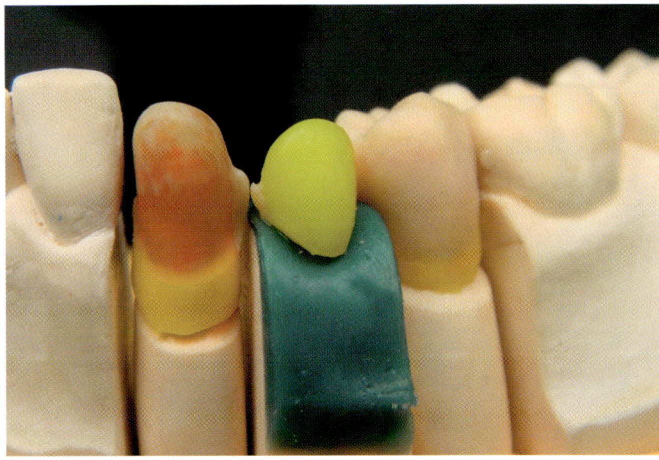

Abb. 59 – 60
Einpassen des Zwischengliedes

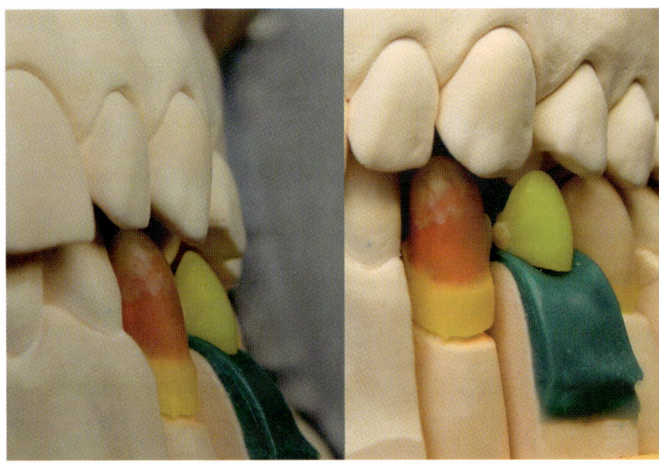

Die Verbindungsflächen werden unter Beachtung von Parodontienfreiheit und einer ausreichenden Stabilität vorbereitet. Übergänge zwischen Metall und Keramik müssen hohlkehlartig gestaltet werden. Im nächsten Schritt werden die Wachskäppchen reduziert und die Kronenränder exakt gestaltet. Die Verblockung der Brückenglieder kann auf vielfältige Weise erfolgen. Wichtig dabei ist, dass der Verbund spannungsfrei erfolgt. Wird mit Wachs verblockt, so empfiehlt es sich, die Stümpfe herauszunehmen, einen Wachstropfen approximal aufzutragen und noch während der plastischen Phase vorsichtig zurückzusetzen. Hierbei passt sich das Wachs der Kontaktfläche an und kann nach dem Erkalten vorsichtig umschwemmt werden. Nach dem Verblocken wird die obere Gusswachsplatte in Verlängerung der Zwischengliedform durchtrennt und der Überschuss entfernt.

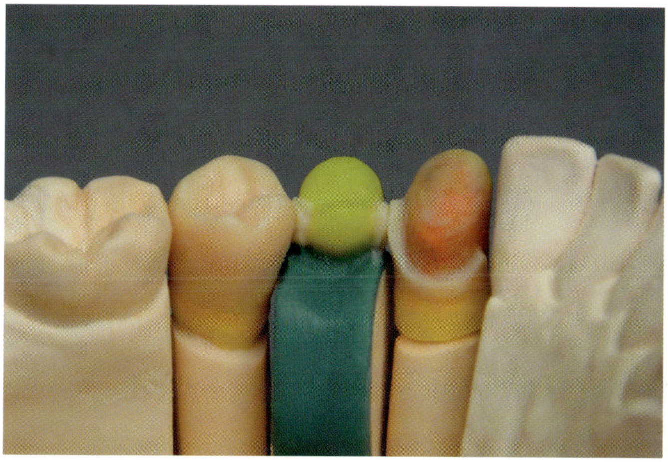

Abb. 61
Vorbereiten der Verbindungs-flächen

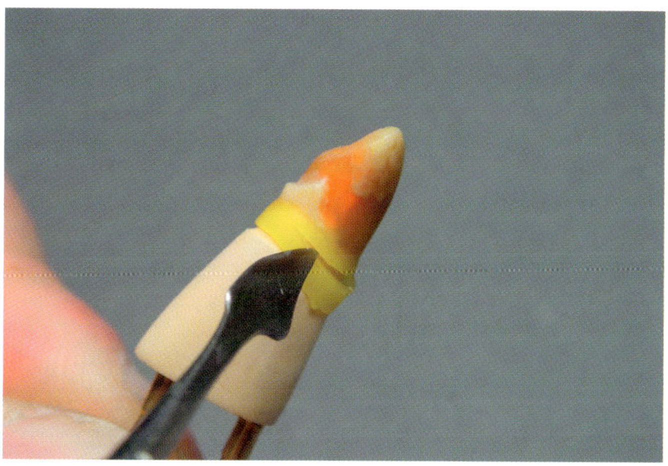

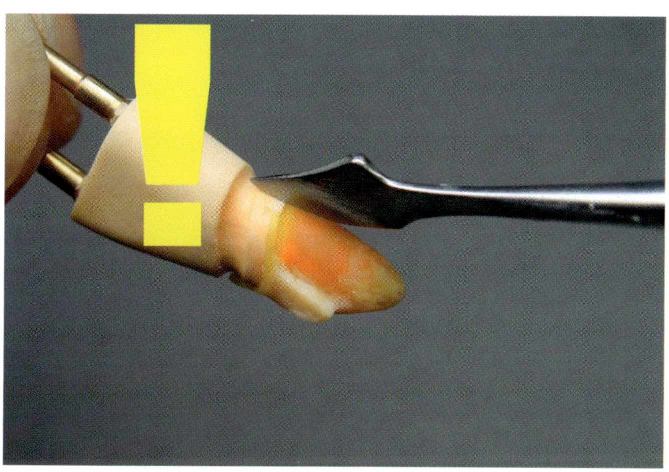

Abb. 62 – 63
Freilegen und Nachbearbeiten des Kronenrandes

Die Präparationsgrenze sollte auf keinen Fall durch scharfe Instrumente beschädigt werden.

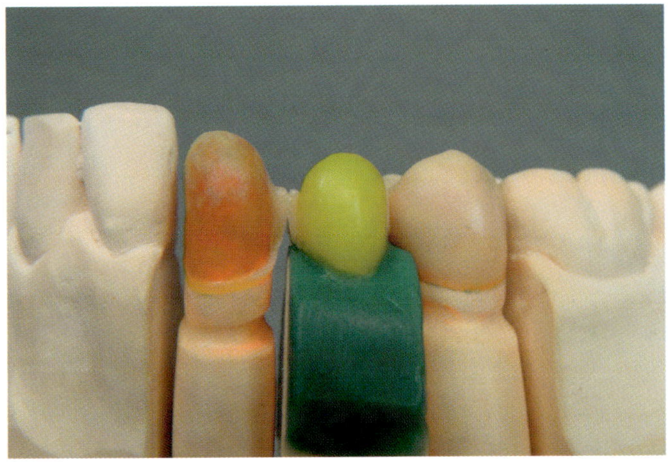

Abb. 64
Zur Verblockung vorbereitete Brückenglieder

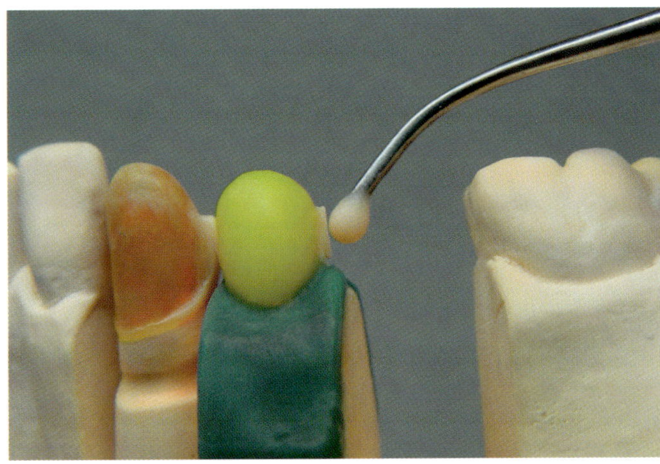

Abb. 65 – 67
Verbinden der Brückenglieder mit Wachs

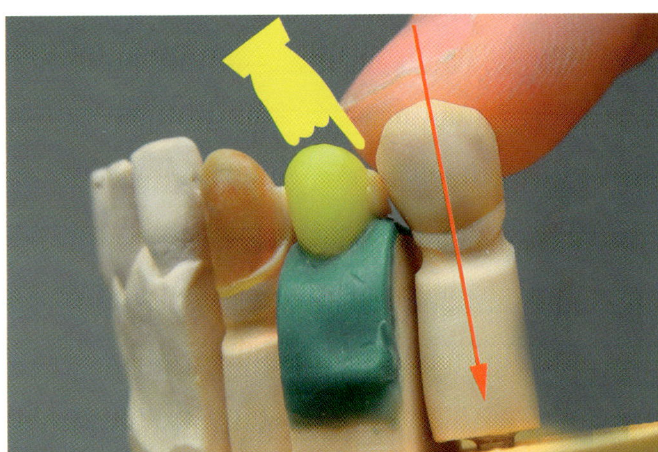

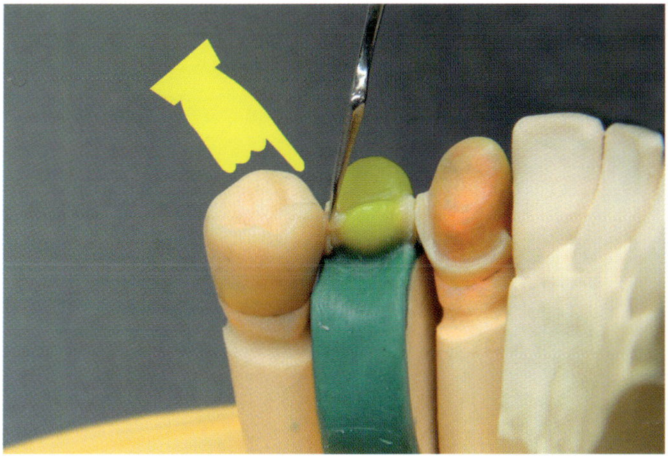

Abb. 67

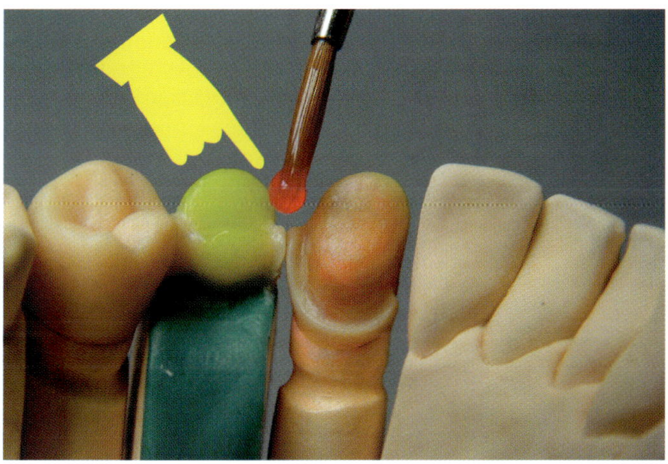

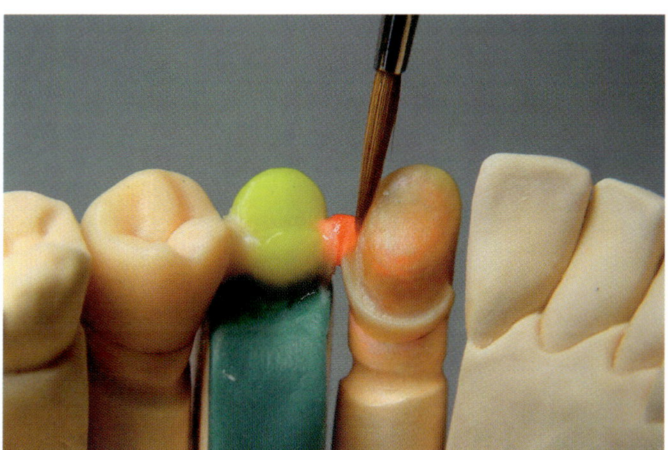

Abb. 68 – 69
Verbinden der Brückenglieder mit Modellierkunststoff

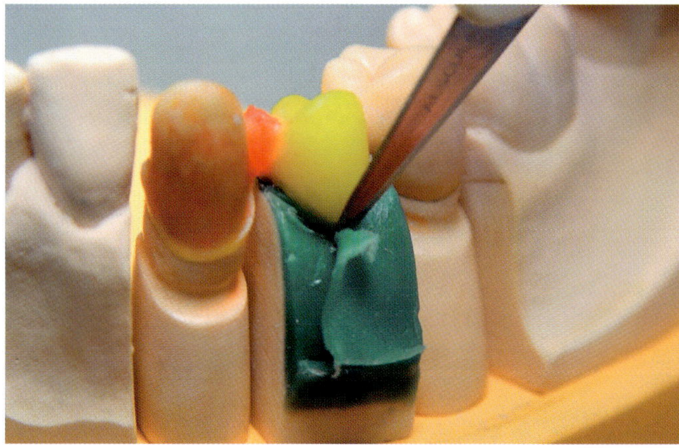

Abb. 70
Durchtrennen der oberen Wachsplatte

Für das Anstiften sollte ein bewährtes und vertrautes System ausgewählt werden.

In der Regel werden die Gusskanäle an den dicksten Stellen der Modellation angebracht. Das Gussobjekt wird vorsichtig vom Modell abgehoben. Die als Platzhalter dienende untere Wachsplatte verbleibt auf dem Modell. Die approximalen Verbindungsstellen werden von basal kontrolliert und gegebenenfalls korrigiert. Das Gussobjekt wird mit ausreichendem Abstand zu Muffelboden und Muffelwand auf dem Gussmuldenformer positioniert. Zum Einbetten sollten nur aus dem Laboralltag vertraute Einbettmassen unter Beachtung der Herstellerangaben verwendet werden.

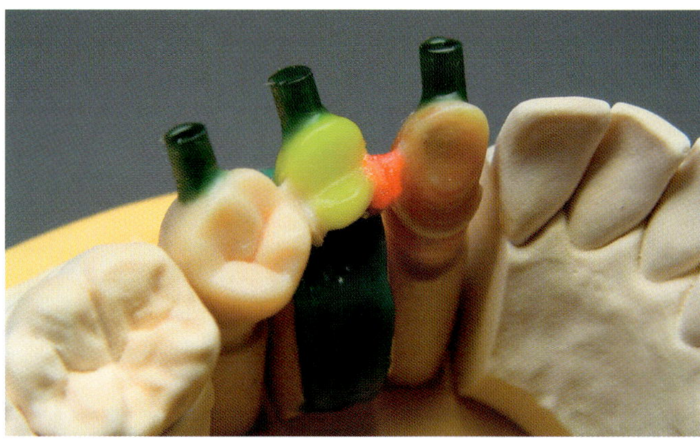

Abb. 71 – 72
Anbringen der Gusskanäle

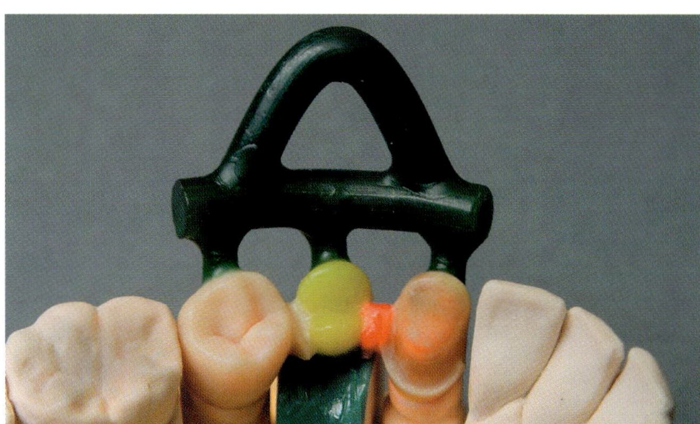

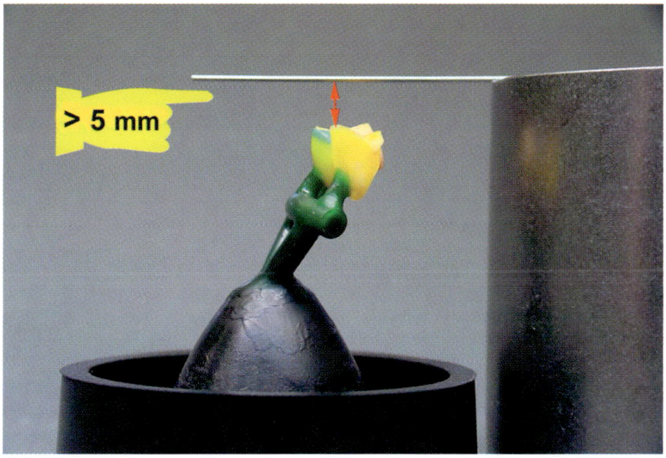

Abb. 73 – 75
Positionieren des Gussobjektes

Abb. 74

Abb. 75

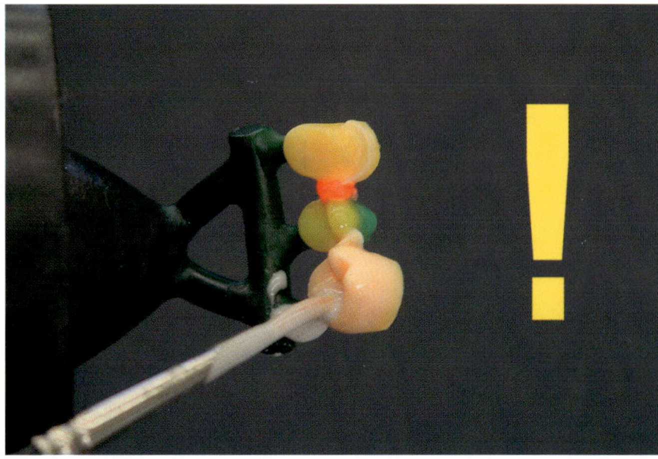

Abb. 76 – 77
Einbetten

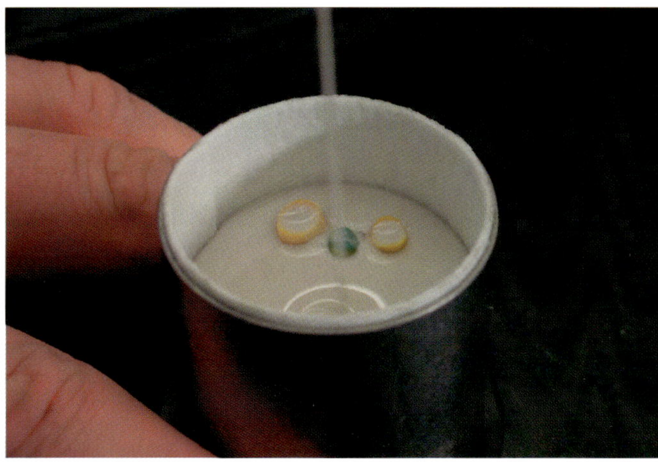

- Lufteinschlüsse beim Einbetten könnt ihr vermeiden, indem ihr die Wachsoberfläche mittels eines Pinsels mit Einbettmasse benetzt.
- Netzmittel sollten nur nach vorheriger Erprobung benutzt werden.

Abb. 78 – 79
Vorwärmen und Gießen

Abb. 79

Nach dem Gießen wird die Muffel zur Vermeidung gefährlicher Stäube gewässert. Anschließend wird ausgebettet und fein abgestrahlt. Das abgesäuerte Gussobjekt wird glanzgestrahlt und vorsichtig abgetrennt.

Abb. 80 – 83 Ausbetten der gewässerten Muffel

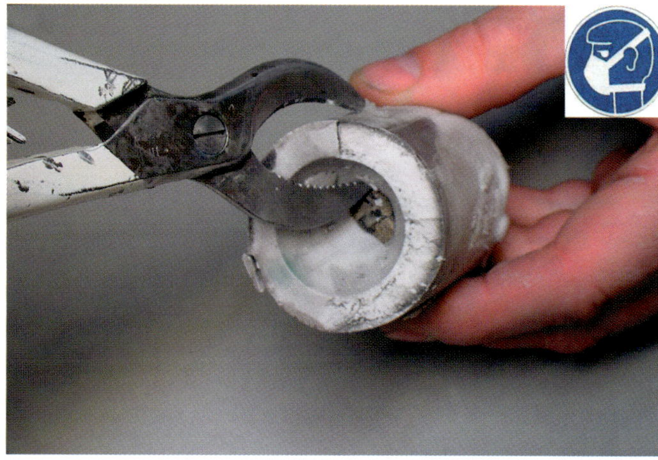

Abb. 82

Abb. 83

Ausreichendes Wässern der Muffel verhindert Staubbildung beim Ausbetten und schützt eure Gesundheit.

Abb. 84
Abgestrahltes Gussobjekt

Abb. 85 – 86
Abgesäuertes und glanzgestrahltes Gussobjekt

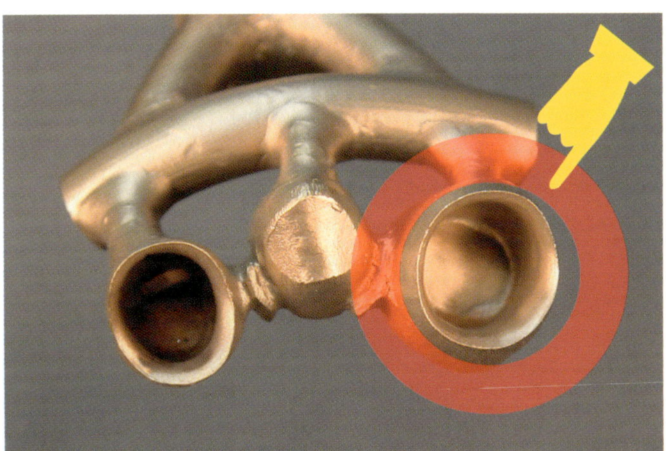

Abb. 87
Saubere, glatte Innenflächen

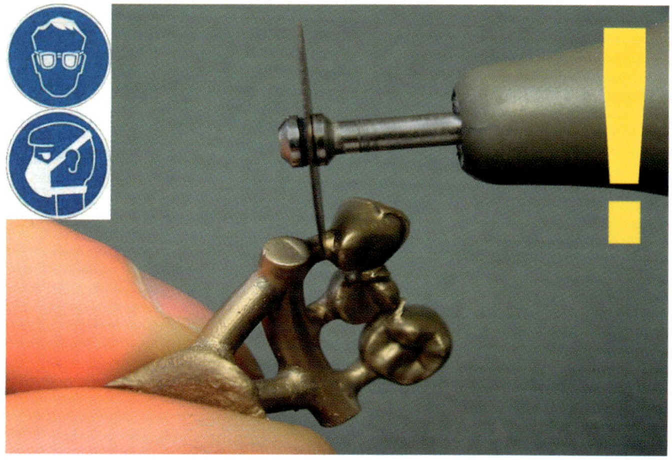

Abb. 88
Abtrennen der Gusskanäle

- Beim Umgang mit Trennscheiben besteht erhöhte Verletzungsgefahr.
- Übermodellierte Kronenränder können beim Aufpassen zu Beschädigungen der Stümpfe führen.

Bevor die Kronen auf die Stümpfe aufgepasst werden, müssen Innenflächen und Ränder überprüft werden. Gussperlen und Rauhigkeiten werden entfernt und übermodellierte Stellen vorsichtig gekürzt.

Nach dem Entfernen der Gusskanalansätze wird das Gerüst mit geeigneten Instrumenten unter Beachtung geltender Unfallverhütungsvorschriften ausgearbeitet.

Besonders zu beachten sind ausreichende Kronenwandstärke, Parodontienfreiheit, Form des Zwischengliedes, Randgestaltung, Übergänge Metall – Keramik, approximale und okklusale Kontakte.

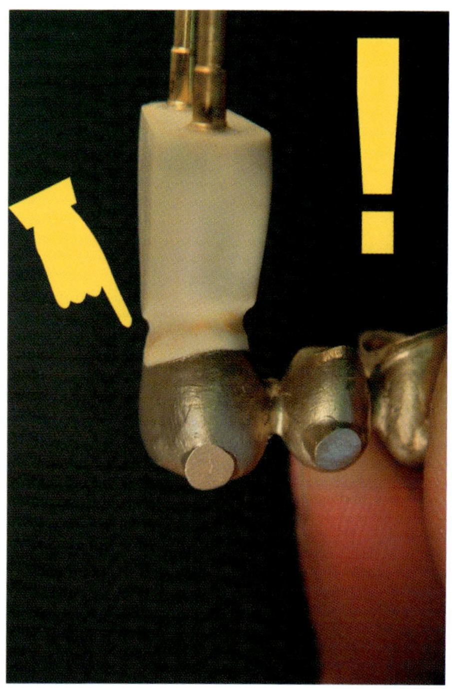

Abb. 89
Aufpassen der Kronen

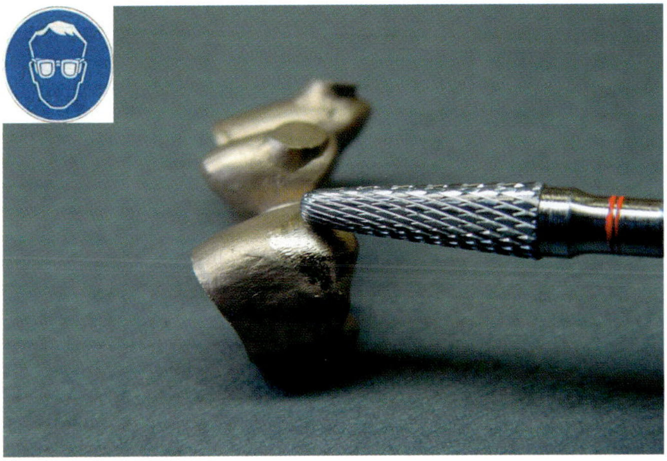

Abb. 90 – 91
Entfernen der Gusskanalansätze

Abb. 92 – 94
Kontrolle und Korrektur der Ränder

Abb. 93

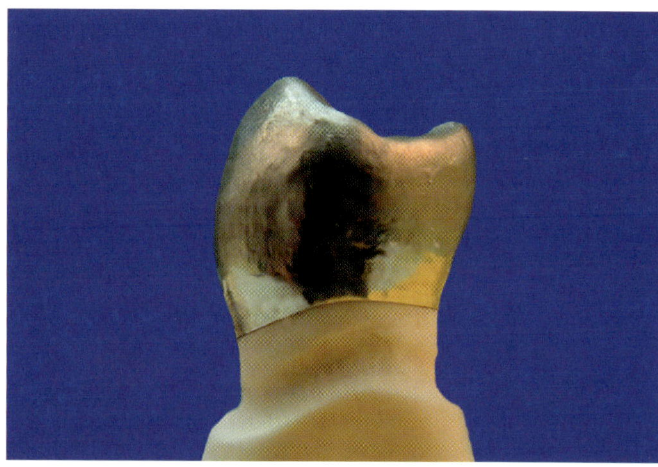

Abb. 94

! Die Bearbeitung der Kronenränder erfordert höchste Aufmerksamkeit!

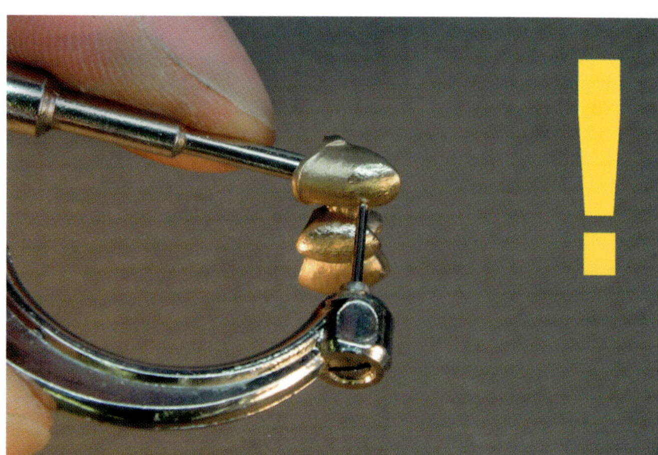

Abb. 95 – 96
Ausarbeiten von Krone und Zwischenglied

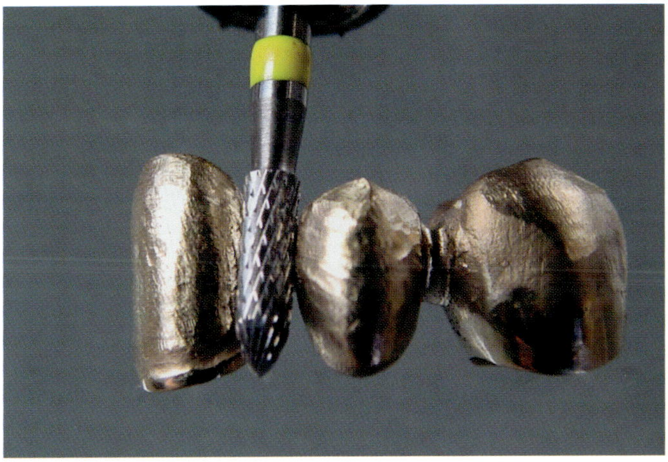

Abb. 96

Je nach Legierung darf eine Mindeststärke von 0,3 bis 0,4 mm nicht unterschritten werden, um Deformierungen beim späteren Abstrahlen und Brennen zu vermeiden.

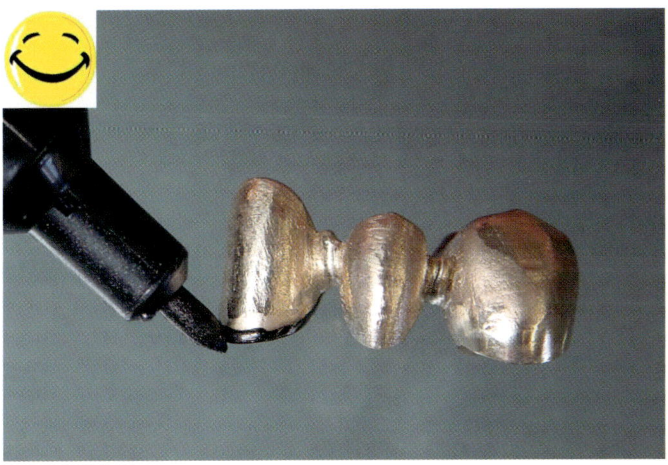

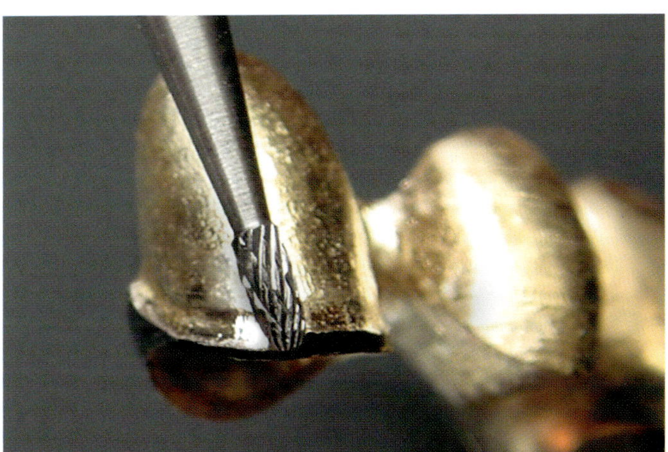

Abb. 97 – 98
Anzeichnen und Reduzierung des Metallrändchens

☺ Das Schwarzfärben des Randbereiches mit einem Filzstift erleichtert die Beurteilung der Breite des verbleibenden Metallrändchens.

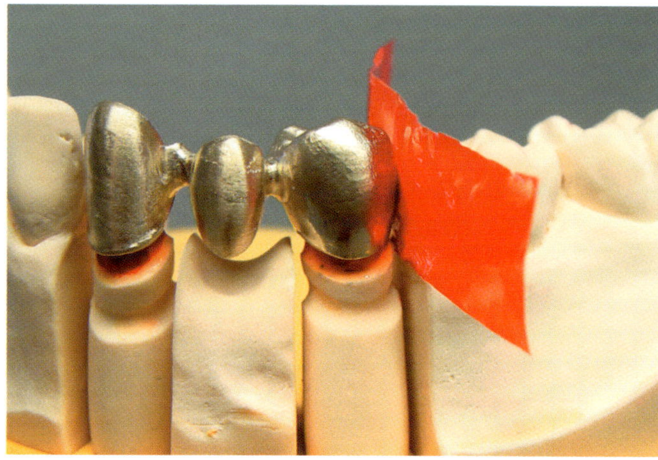

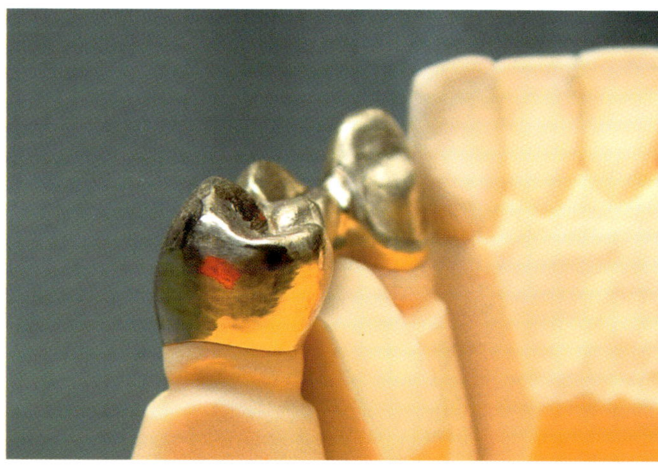

Abb. 99 – 100
Einschleifen der approximalen Kontaktfläche

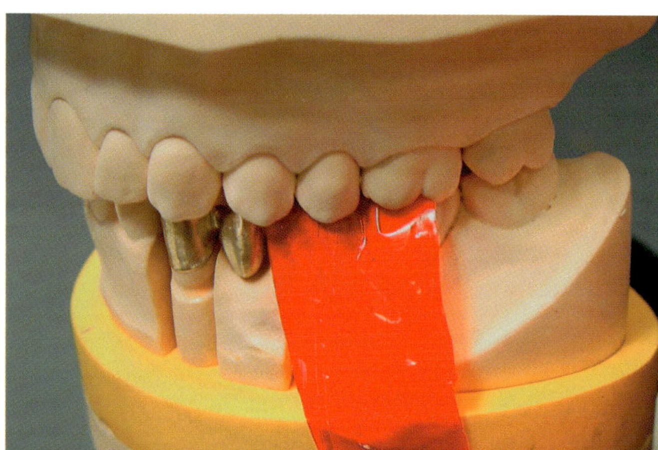

Abb. 101 – 102
Einschleifen der Okklusion

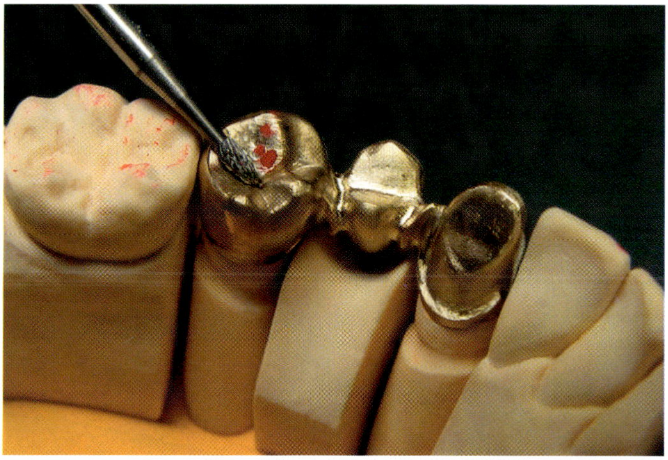

Abb. 102

Bei der Verblendung mit keramischen Massen müssen die Angaben der Hersteller von Legierung und Keramik dringend beachtet werden. Beide Materialien müssen aufeinander abgestimmt sein.

Kenntnisse über die Verarbeitung der benutzten Keramikmassen und der Brandführung müssen rechtzeitig vor der Prüfung erworben werden.

Zur Vorbereitung der Keramikverblendung wird die Verblendfläche gleichmäßig in einer Richtung abgezogen und anschließend abgestrahlt. Dem anschließenden Oxidbrand folgen Bonder- und/oder Opakerbrände. Um Schichtfehler zu vermeiden wird für den nächsten Brand nur Opakdentin und Dentin aufgetragen. Die mit Dentin vollständig aufgebaute Zahnform wird im inzisalen Bereich reduziert und anschließend gebrannt. Vor dem Aufbringen der Schneidemassen kann der Dentinkern durch Schleifen korrigiert oder gegebenenfalls ergänzt werden. Zahnform und Oberfläche werden der Modellsituation angepasst. Der nun folgende Glanzbrand sollte die Oberflächenstrukturen erhalten und keinen zu starken Glanz verursachen.

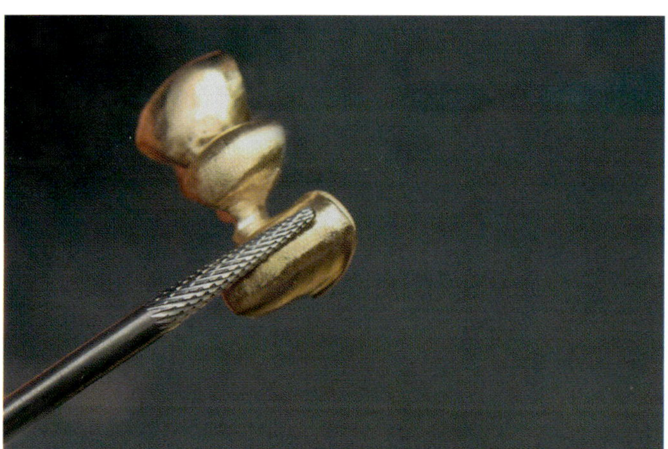

Abb. 103 - 105
Vorbereiten der Gerüstoberfläche

Abb. 104

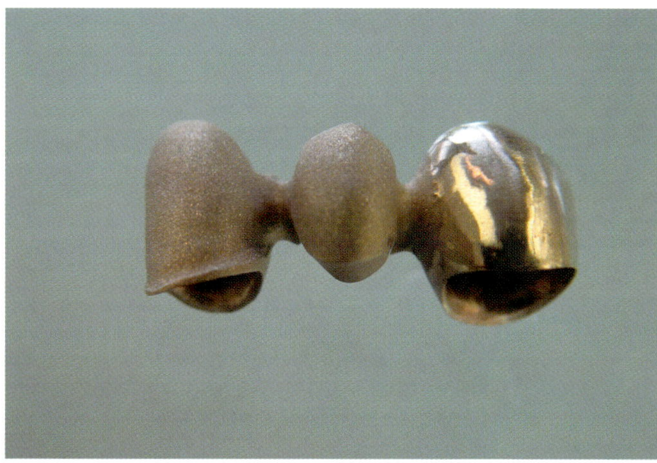

Abb. 105

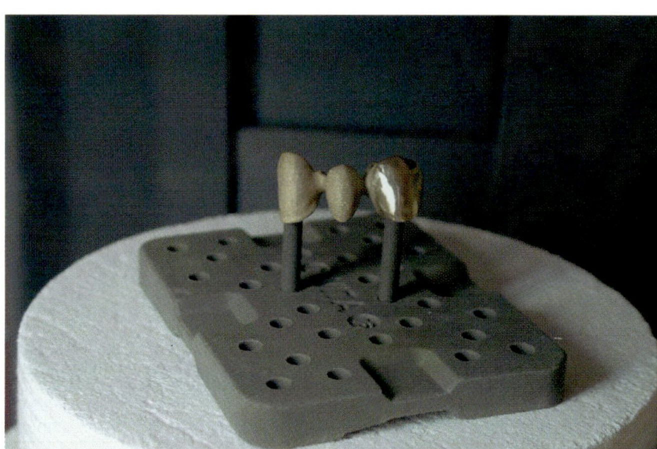

Abb. 106 – 107
Oxidbrand

Abb. 107

Abb. 108 – 109
Opakerauftrag
und -brand

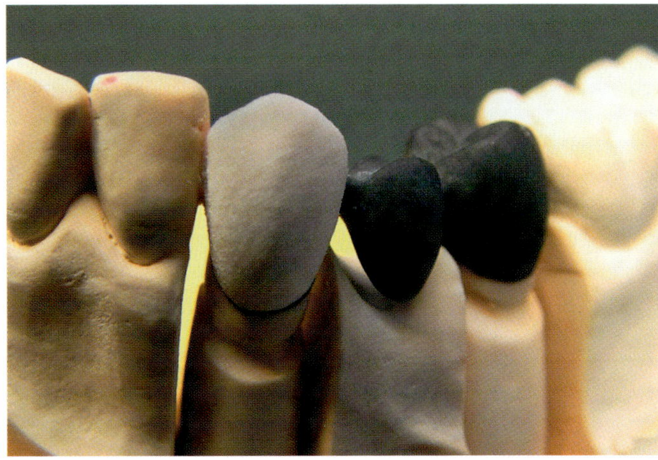

Abb. 110
Dentinschichtung

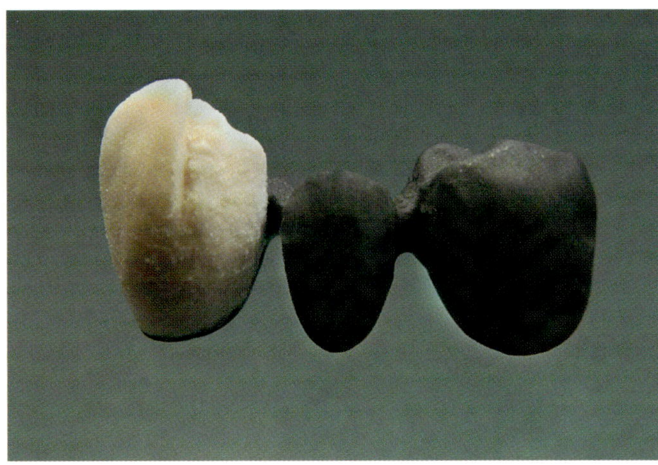

Abb. 111
Teilweise reduzierte Dentinschichtung

Abb. 112 – 113
Dentinschichtung und -brand

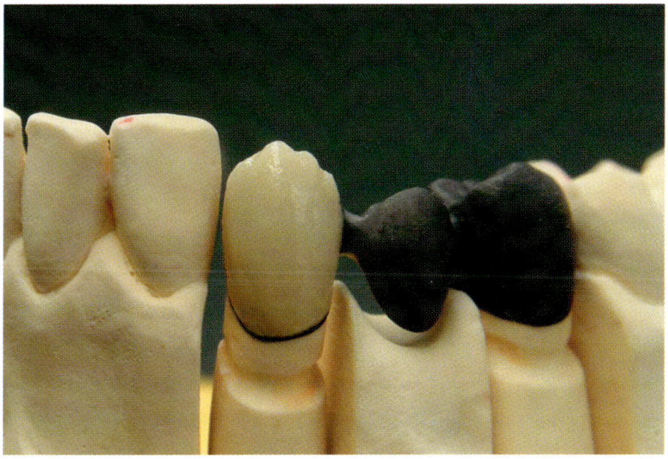

Abb. 113

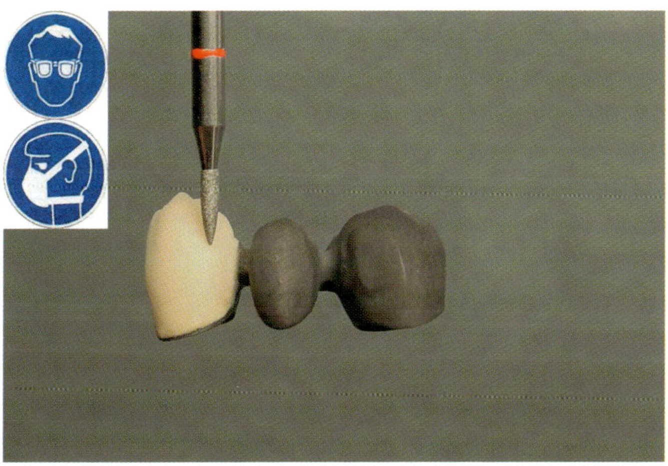

Abb. 114
Bearbeiten des gebrannten Dentinkernes

Abb. 115 – 116
Aufbau der Zahnform mit Schneide

Abb. 116

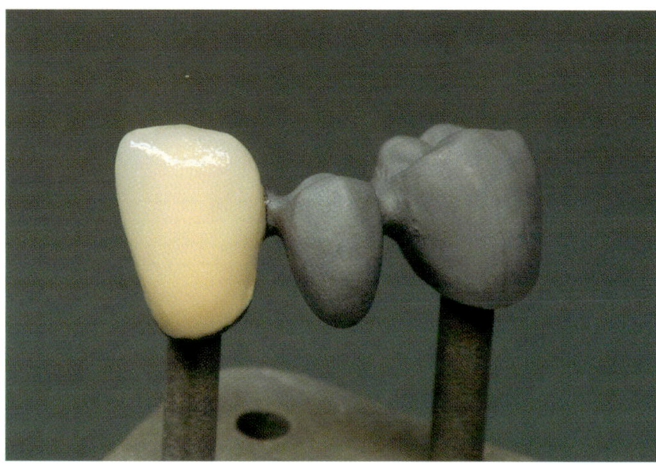

Abb. 117
Ergebnis nach
dem Brennen

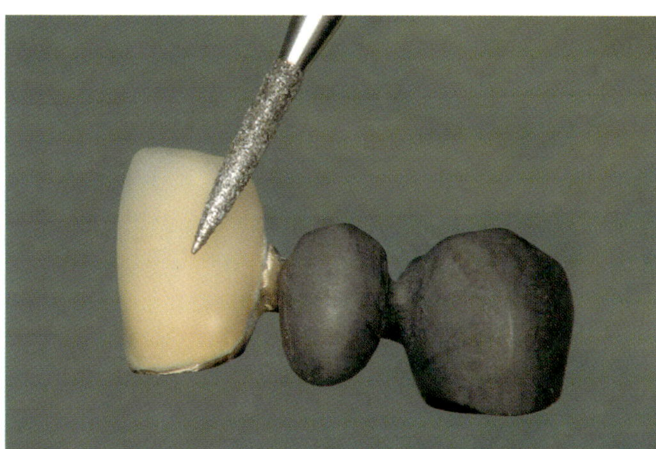

Abb. 118 – 119
Bearbeiten der
Zahnform und
der Oberfläche

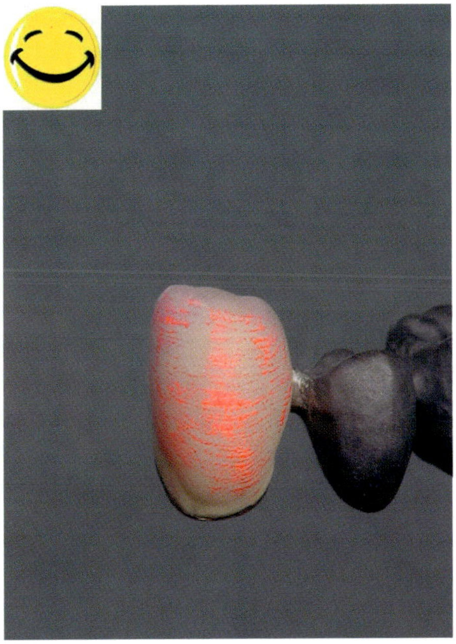

Abb. 119

☺ Die Struktur der Oberfläche lässt sich sehr gut darstellen, indem man mit der farbigen Seite einer Okklusionsfolie flach über den Zahn streicht.

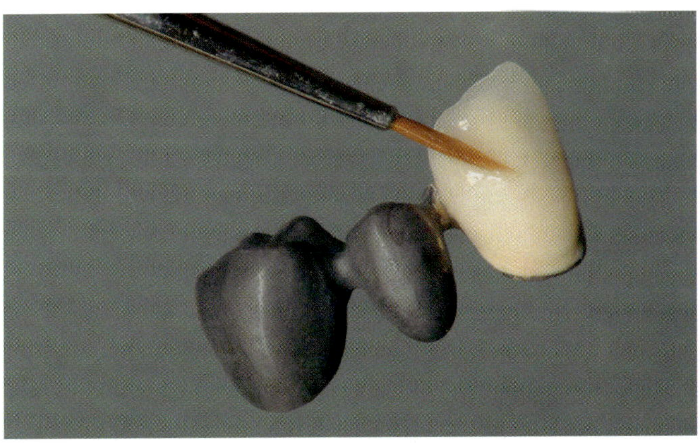

Abb. 120
Auftrag der Glasurmasse

Abb. 121
Ergebnis nach dem Brennen

Die fertig gebrannte Brücke wird nun abgesäuert. Vollgusskrone und Metallrändchen werden ausgearbeitet und poliert. Um Keramik und polierte Metallflächen vor dem Strahlmittel zu schützen, werden diese mit Tauchwachs abgedeckt. Das Zwischenglied wird mit einem Skalpell freigeschnitten und vorsichtig abgestrahlt. Danach wird mit dem Dampfstrahler die Brücke vorsichtig von Wachs befreit.

Um Beschädigungen von Brücke und Stümpfen während der Herstellung der anderen Prüfungsarbeiten zu vermeiden, sollten diese nach einer letzten Kontrolle sicher verwahrt werden.

Abb. 122 – 123
Absäuern der
Oxide

Abb. 124
Ausarbeiten der
Vollgusskrone

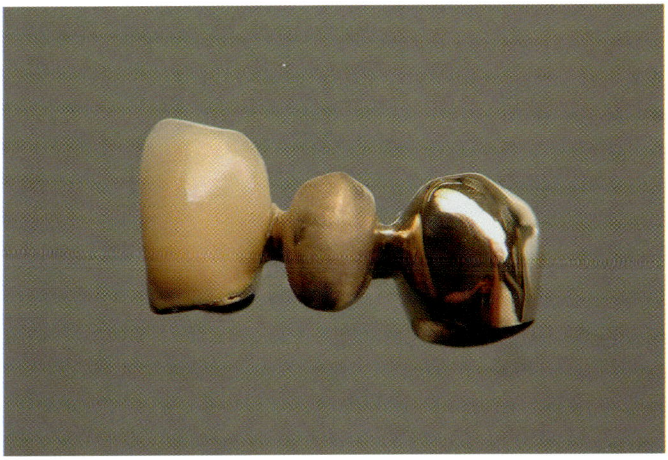

Abb. 125
Das fast fertige Ergebnis

Abb. 126 – 127
Tauchen zum Schutz der Kronen

☺ Das Abdecken der Kronen mit Tauchwachs schützt diese vor unerwünschtem Anstrahlen.

Abb. 128
Abstrahlen des Zwischengliedes

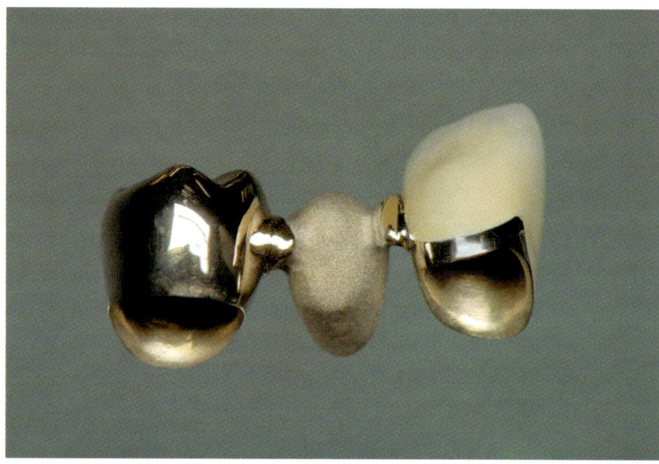

Abb. 129 – 132
Ansichten der fertigen Brücke ohne ...

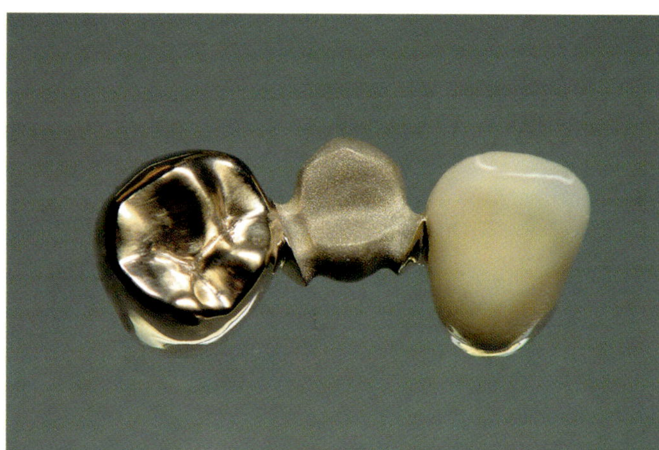

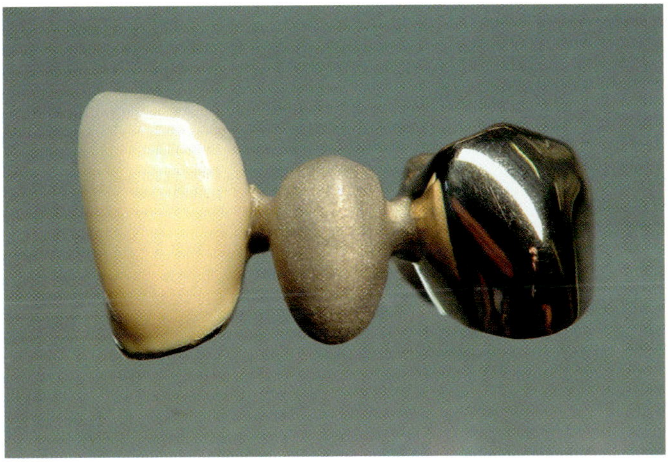

Abb. 131

Abb. 132

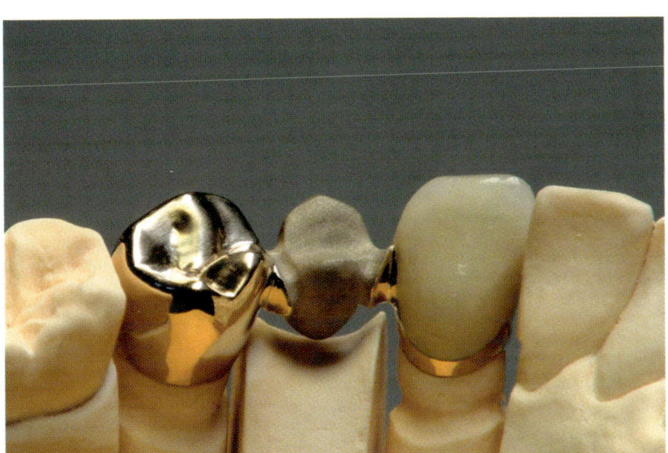

Abb. 133 – 135
... und mit Modell

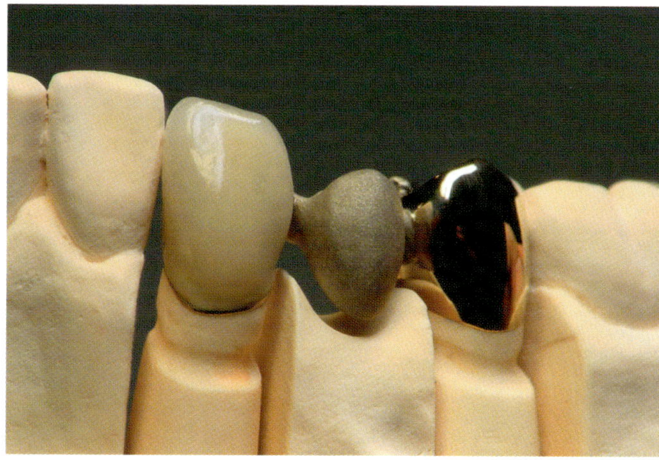

Abb. 134

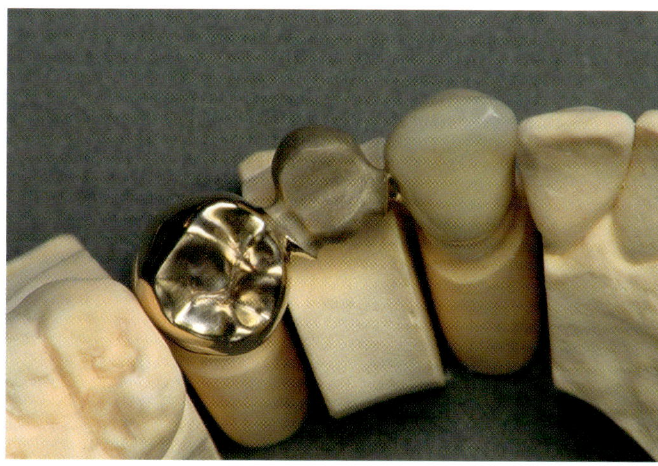

Abb. 135

Das Primärteil

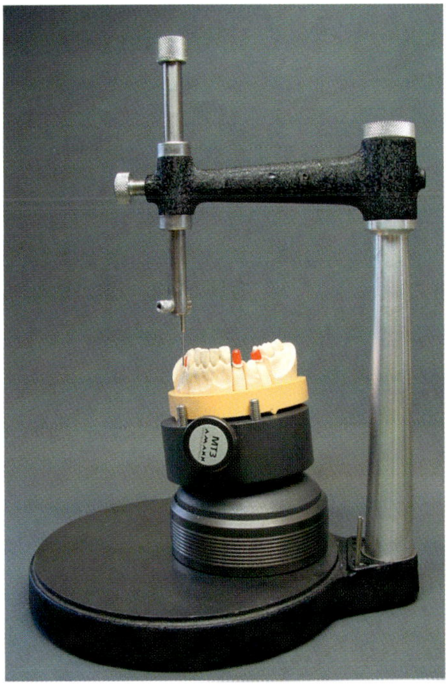

Die Gestaltung des Primärteils wird von den Kommissionen unterschiedlich vorgegeben. Einige erlauben eine Schulter im zervikalen Bereich, andere bestehen auf eine bis an den Präparationsrand reichende Fräsfläche. Ausreichende Information vor Beginn der Prüfung ist unabdingbar.

Der erste Schritt zur Herstellung des Primärteils beginnt mit dem Vermessen des Modells. Da die Fräsfläche der Wachskrone und das Primärteil die gleiche Einschubrichtung haben müssen, werden die Modellstümpfe beider Teilarbeiten mit einbezogen. Neben der Berücksichtigung der approximalen Flächen muss ein günstiger Kompromiss für die bukkale Fläche des Primärteils und die linguale Fläche der Vollgusskrone gefunden werden. Auf die getauchten Wachskäppchen wird zervikal und okklusal ein Wachsring aufgetragen und okklusale Bereich modelliert. Der entstehende Zwischenraum wird mit Wachs aufgefüllt. Unter Berücksichtigung des angrenzenden Zahnfleisches wird mit einem Filzstift der Verlauf der anzulegenden Hohlkehle angezeichnet.

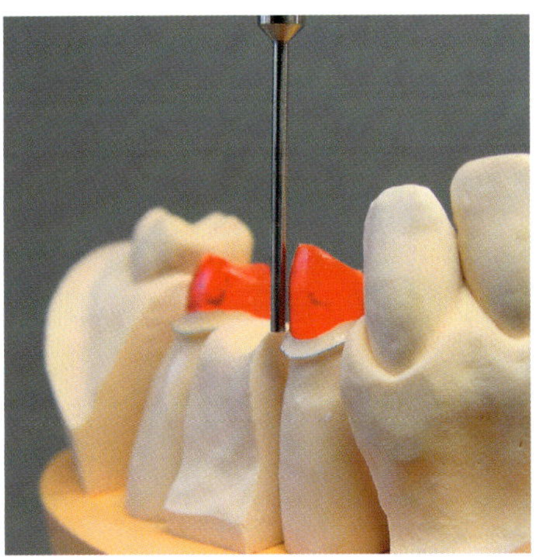

Abb. 136 – 138
Vermessen
des Modells

Beim Vermessen ist eine gemeinsame Einschubrichtung festzulegen, welche die Fräsflächen sowohl der Wachskrone als auch die des Primärteils berücksichtigt. Diese eingestellte Einschubrichtung darf keinesfalls bis zur Fertigstellung beider Arbeiten verändert werden!

Die Wachsform für das Primärteil lässt sich schnell aufbauen, indem man zervikal und okklusal einen Wachsring aufbaut. Anschließend kann der Zwischenraum leicht aufgefüllt werden.

☺ Ein Anzeichnen des gewünschten Verlaufs der Hohlkehle erleichtert das anschließende Fräsen. Der Verlauf des angrenzenden Zahnfleisches muss hierbei berücksichtigt werden.

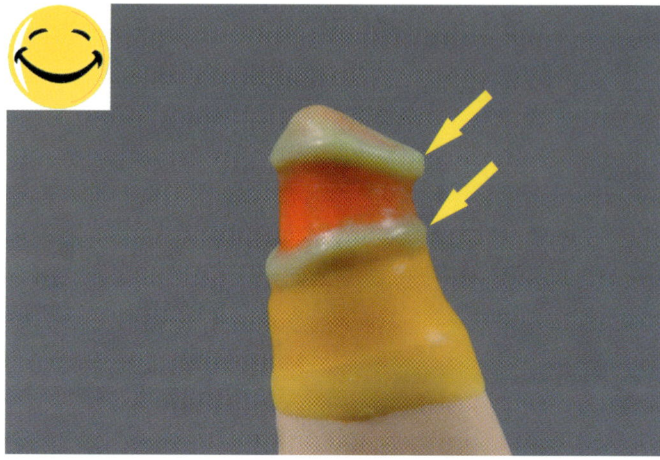

Abb. 139
Auftrag von zervikalen und okklusalen Wachsringen

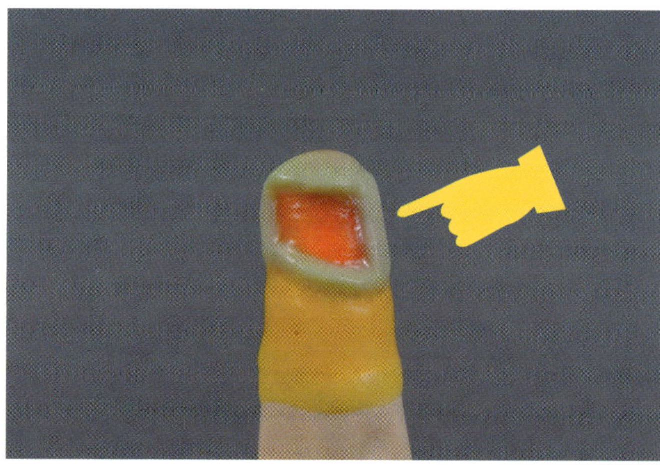

Abb. 140
Auffüllen der Zwischenräume

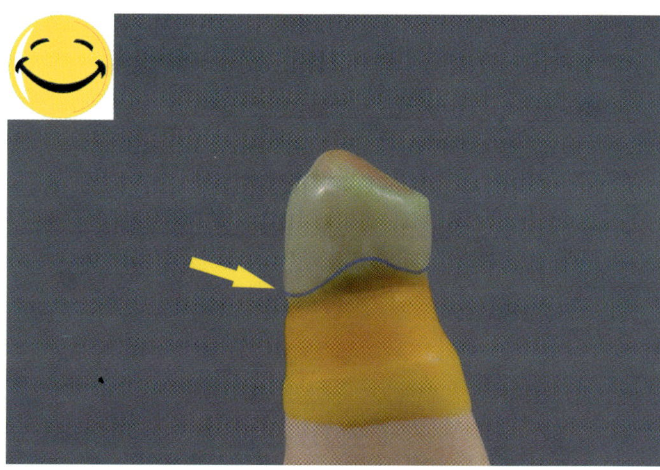

Abb. 141
Anzeichnen der zervikalen Hohlkehle

Vor dem Wachsfräsen werden angrenzende Modellsegmente entfernt und die Pin-Löcher mit Pins verschlossen. Mit geeigneten Wachsfräsern werden die parallelen Flächen vorsichtig gefräst. Dabei ist auf eine gute Abstützung zu achten. Wachsspäne werden mit einem Pinsel entfernt. Nach dem Fräsen werden die okklusalen Kanten angeschrägt, um das Einsetzen eines Sekundärteiles zu erleichtern.

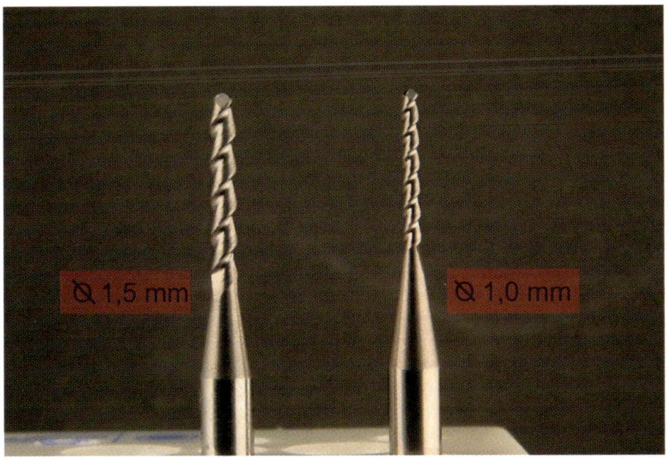

Abb. 142
Verwendete Wachsfräser

Die eingestellte Drehzahl sollte im Bereich zwischen 3000 bis 5000 U/min liegen. Je nach verwendeter Wachsart entstehen sonst Rattermarken oder das Wachs fängt wegen der auftretenden Erwärmung zu Schmieren an.

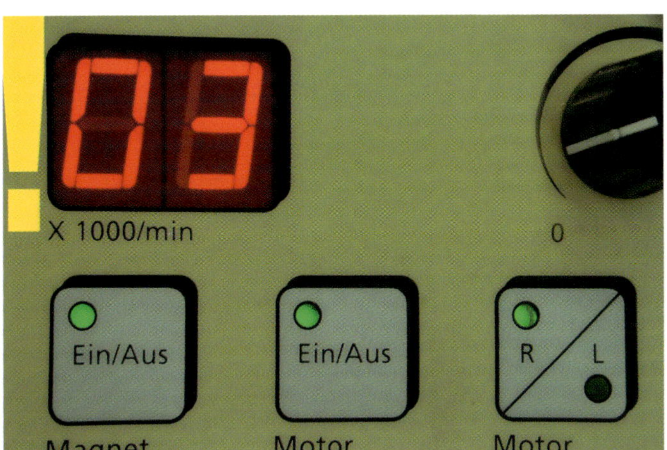

Abb. 143
Eingestellte Drehzahl

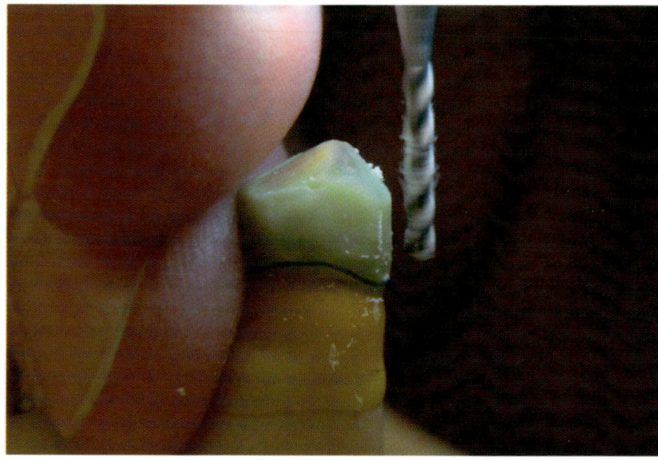

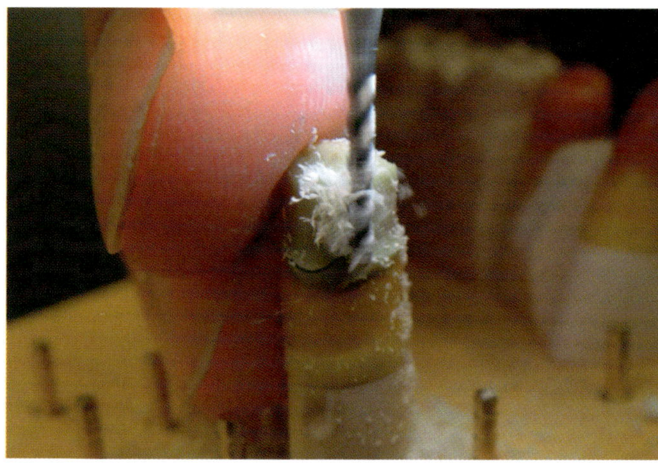

Abb. 144 – 145
Abgestütztes Fräsen

Abb. 146
Entfernen der Wachsspäne

☺ Vor dem Fräsen werden die Pin-Löcher mit Pins verschlossen. So wird verhindert, dass Wachsspäne die offenen Pin-Löcher verschmutzen und sich später die Stümpfe nicht mehr vollständig ins Modell setzen lassen.

Abb. 147
Verschluss der Pin-Löcher

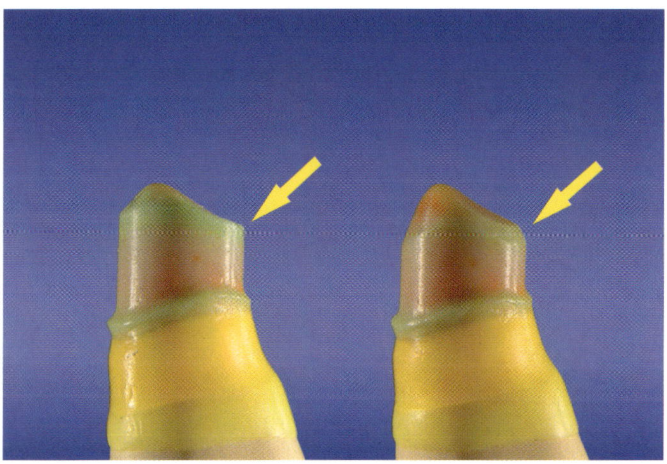

Abb. 148
Anschrägen der okklusalen Kanten

Nach dem Freilegen und der Korrektur der Ränder wird ein Gussstift angebracht.

Positionierung auf dem Gussmuldenformer und Einbetten erfolgt wie im vorherigen Kapitel beschrieben. Nach dem Vorwärmen und Gießen wird die abgekühlte Muffel zur Vermeidung gefährlicher Stäube gewässert. Das Gussobjekt wird vorsichtig ausgebettet und fein abgestrahlt.

Nach dem Absäuern wird glanzgestrahlt und der Gusskanal abgetrennt.

! Die Präparationsgrenze sollte auf keinen Fall durch scharfe Instrumente beschädigt werden.

Abb. 149 – 152
Freilegen und Korrektur des Kronenrandes

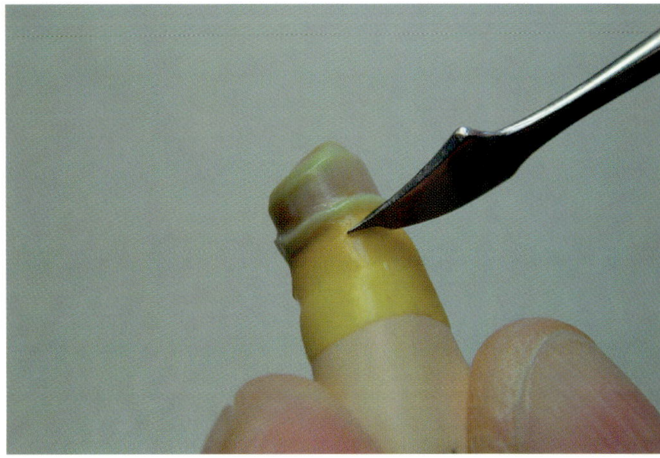

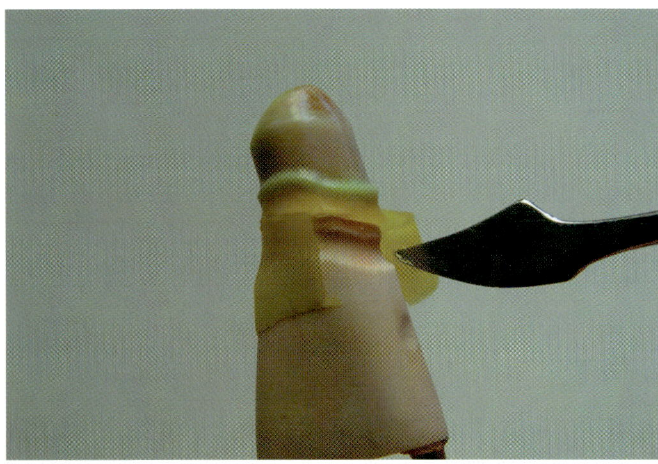

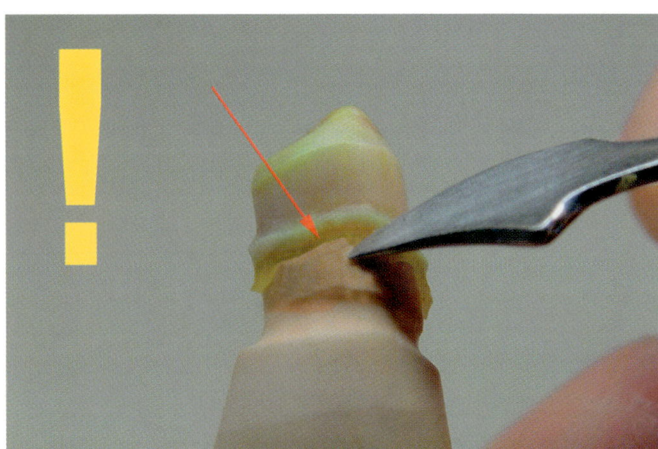

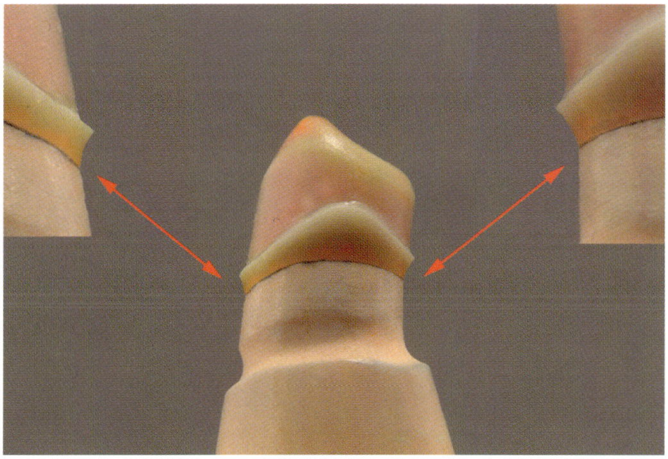

Abb. 152

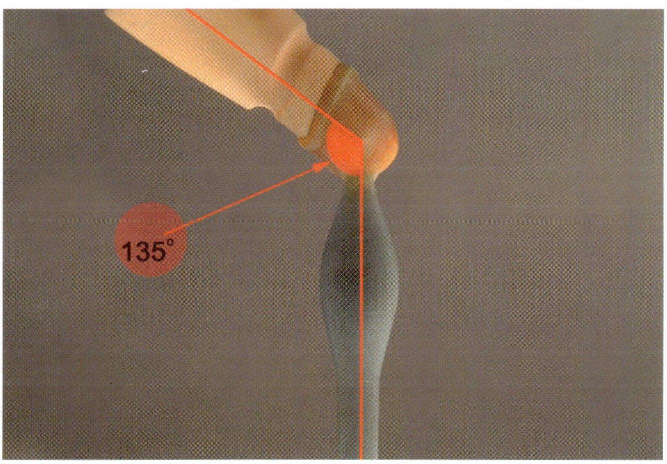

Abb. 153
Ansatz des
Gusskanals

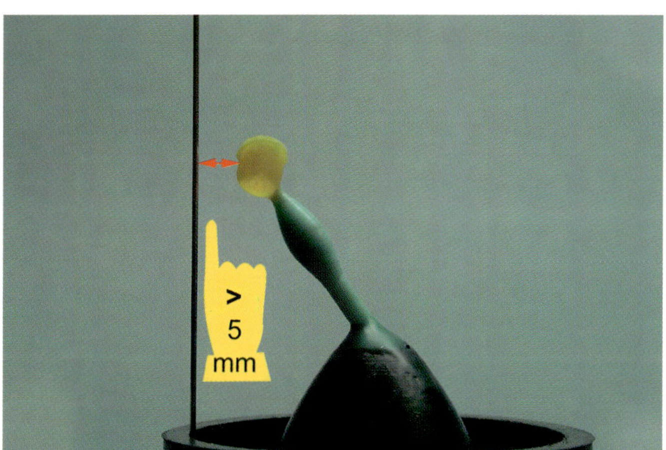

Abb. 154 – 157
Positionierung des
Objektes auf dem
Gussmulden-
former

Abb. 155

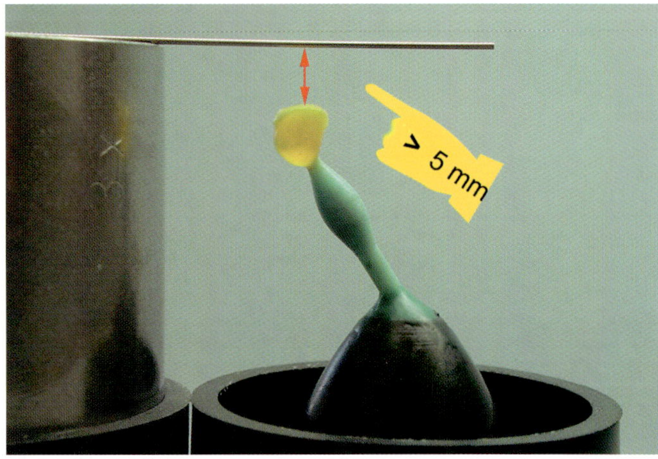

Abb. 156

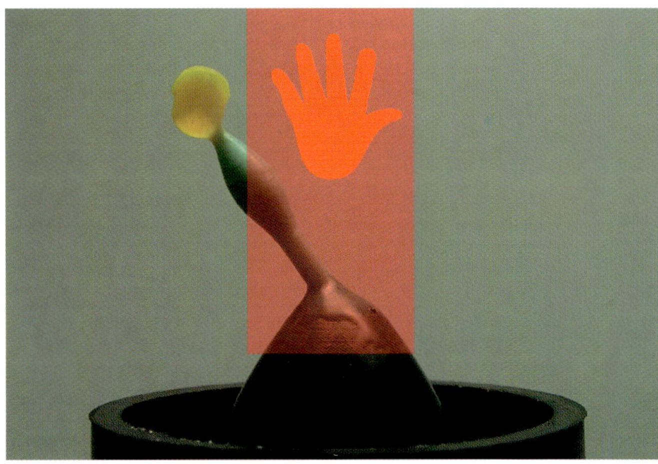

Abb. 157

☺ Ruck-Zuck geht das Einbetten, wenn Pulver und Flüssigkeit schon abgemessen und Gusskanal, Muffelring und Gussmuldenformer fertig vorbereitet mitgebracht werden.

Abb. 158
Vorbereitete Einbettmasse

Abb. 159 – 160
Einbetten der Krone

- Lufteinschlüsse beim Einbetten kann man vermeiden, indem die Wachsoberfläche mittels eines Pinsels mit Einbettmasse benetzt wird.
- Netzmittel sollten nur nach vorheriger Erprobung benutzt werden.

Abb. 161 – 162 Vorwärmen und Gießen

Abb. 163 – 166 Ausbetten der gewässerten Muffel

Abb. 164

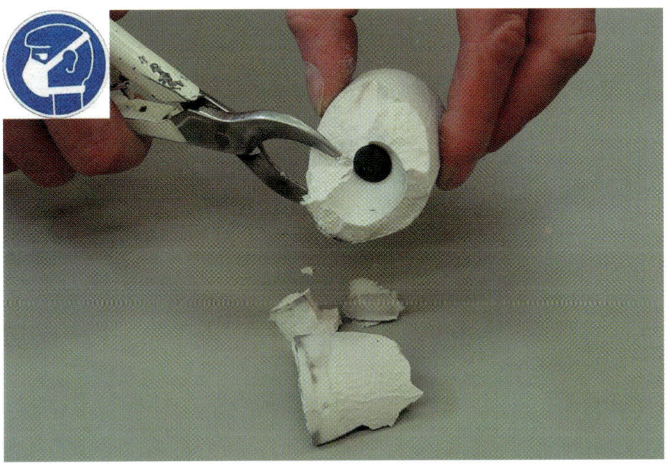

Abb. 165

Abb. 166

☺ Ausreichendes Wässern der Muffel verhindert Staubbildung beim Ausbetten und schützt eure Gesundheit.

Abb. 167
Ausgebettetes
Gussobjekt

Abb. 168
abgestrahltes
Gussobjekt

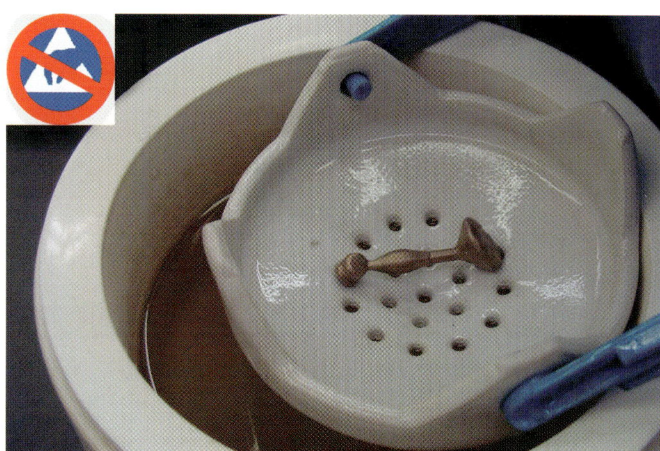

Abb. 169
Absäuern

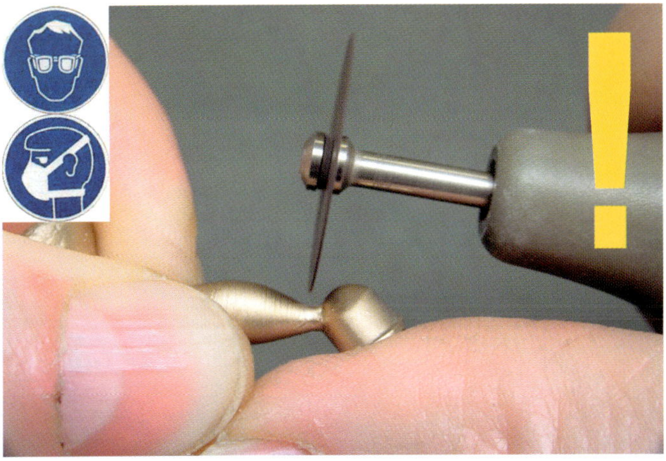

Abb. 170
Abtrennen des Gusskanals

- Beim Umgang mit Trennscheiben besteht erhöhte Verletzungsgefahr.
- Übermodellierte Kronenränder können beim Aufpassen zu Beschädigungen der Stümpfe führen.

Bevor die Krone auf den Stumpf aufgepasst wird, müssen Innenflächen und Ränder überprüft werden. Gussperlen und Rauhigkeiten werden entfernt und übermodellierte Stellen vorsichtig gekürzt.

Nach dem Entfernen des Gusskanalansatzes wird die Krone an den nicht zu fräsenden Flächen mit geeigneten Instrumenten unter Beachtung geltender Unfallverhütungsvorschriften ausgearbeitet.

Besonders zu beachten sind ausreichende Kronenwandstärke und schlanke Kronenränder. Mit Modellierkunststoff wird ein Frässtumpf hergestellt und mit Hilfe eines Parallelometers auf ein Fräsmodell übertragen.

Abb. 171
Saubere, glatte Innenflächen

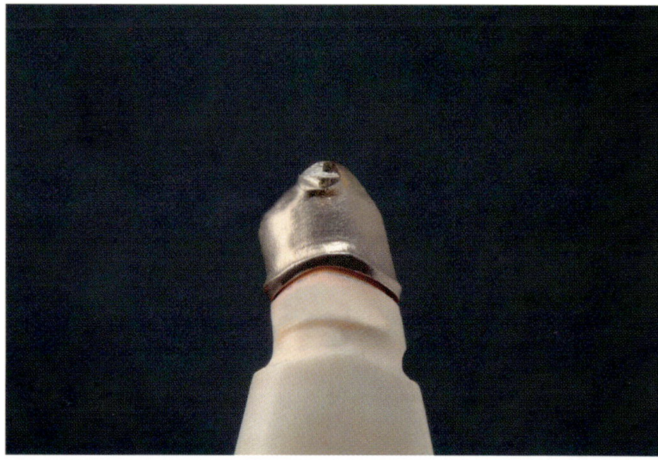

*Abb. 172
Aufpassen der
Kronen*

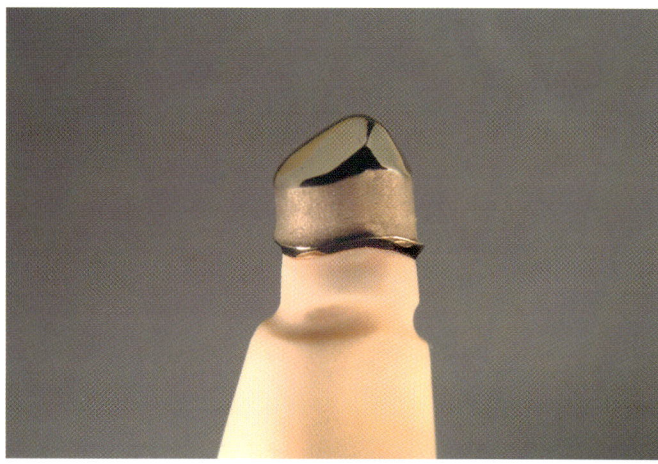

*Abb. 173
Krone zum
Fräsen vorbereitet*

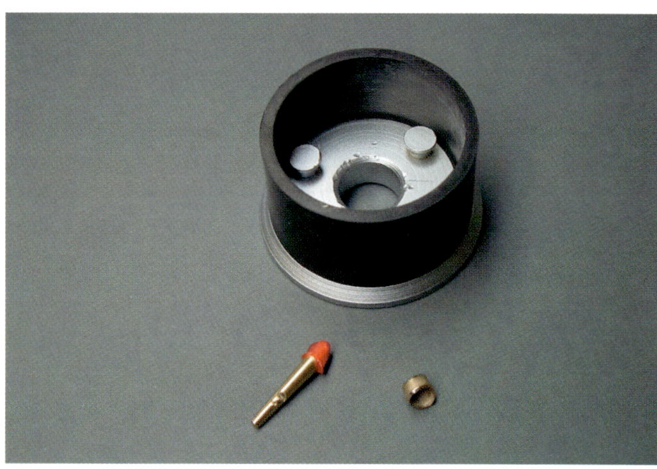

*Abb. 174 – 178
Herstellen von
Frässtumpf und
Fräsmodell*

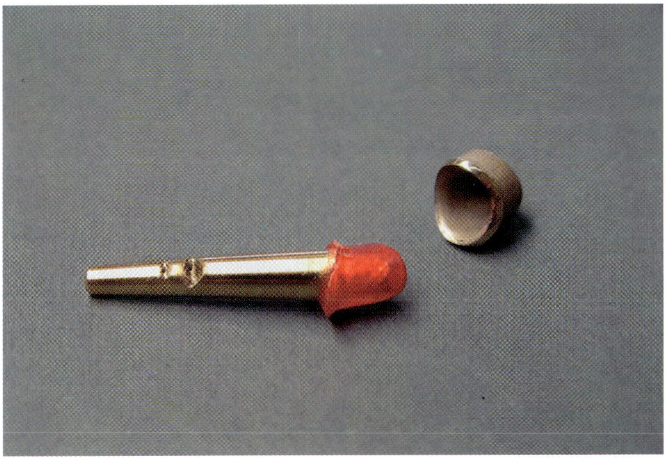

Abb. 175

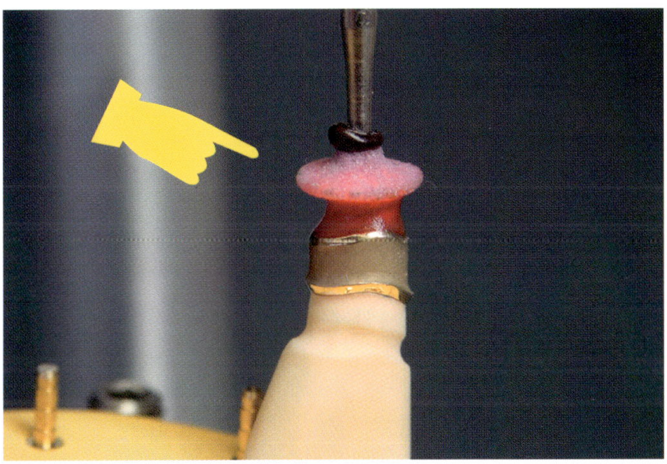

Abb. 176

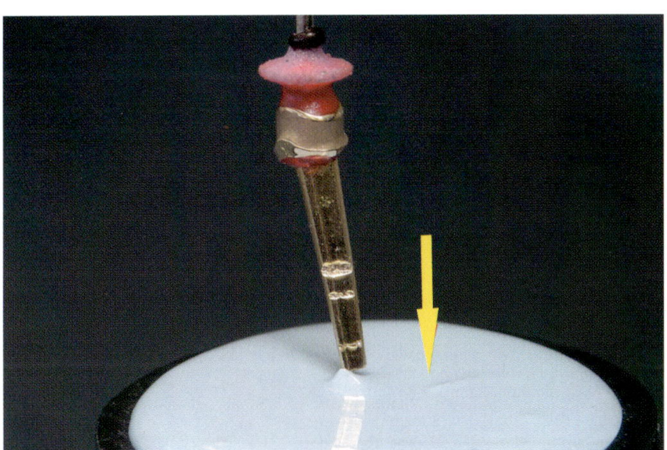

Abb. 177

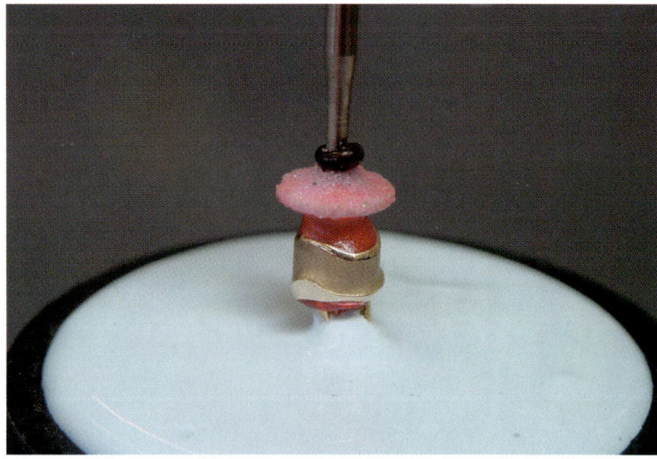

Abb. 178

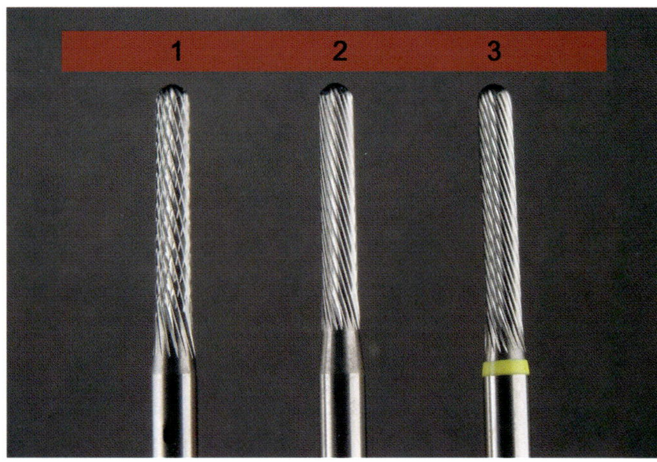

Abb. 179
Verwendete Fräser:
1 Formfräser,
2 Schlichtfräser,
3 Feinstfräser.

- Unbedingt zu beachten sind die Drehzahlangaben der Hersteller.
- Wird zuwenig Fräsöl verwendet, so entsteht eine schlechtere Oberfläche, das Fräsen dauert länger und die Fräser werden frühzeitig stumpf!

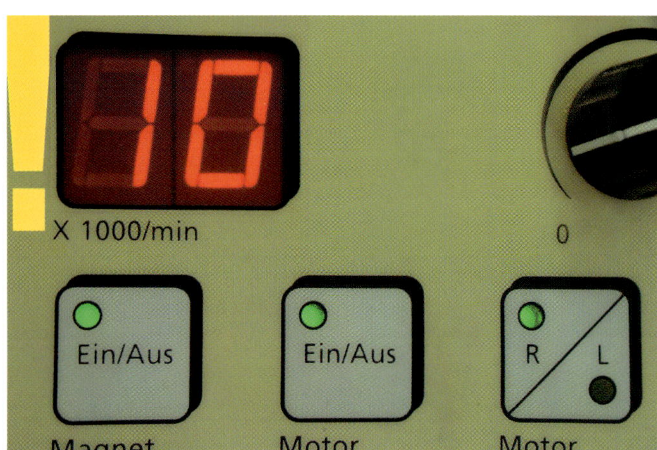

Abb. 180
Eingestellte Drehzahl

Mit einem Formfräser werden die parallelen Flächen unter Zugabe von Fräsöl grob vorgefräst, danach mit Schlicht- und Feinstfräsern geglättet und poliert. Die durch das Fräsen veränderte Hohlkehle wird in ihrer Breite reduziert und die okklusalen Kanten der Fräsfläche mit einem Gummipolierer abgerundet. Die nicht gefrästen Flächen werden nochmals kontrolliert und bei Bedarf auf Hochglanz poliert.

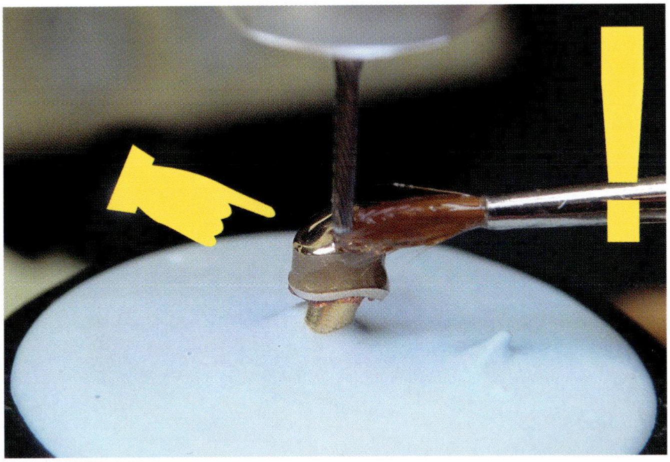

Abb. 181 – 184
Fräsen der Primärkrone

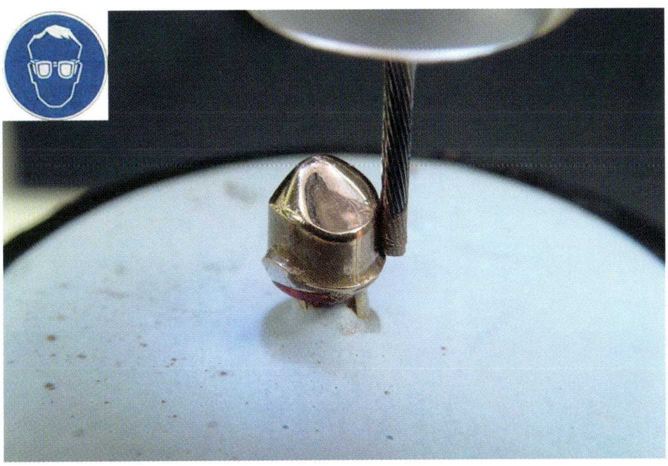

Abb. 184

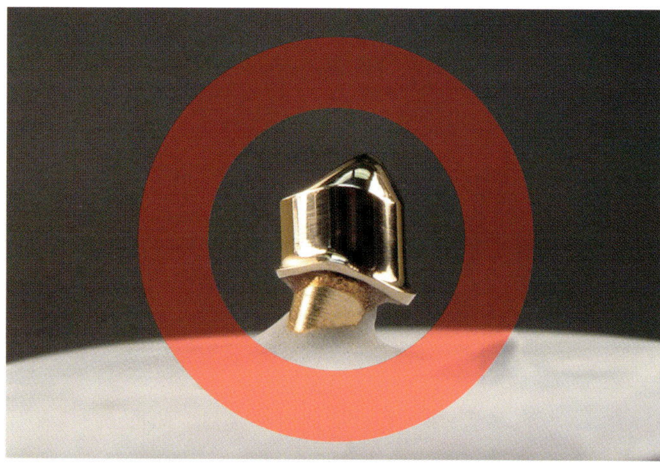

Abb. 185
Fertig gefräste Krone

☺ Um eine sehr glatte Oberfläche zu erreichen, verwendet man geeignete Feinstfräser oder setzt die Spanräume der Fräser mit Wachs oder Poliermittel zu und poliert anschließend mit Fräsern, auf welche am laufenden Fräsgerät dünn Watte aufgezogen wurde.

Abb. 186 – 187
Korrektur des zervikalen Anteils

Abb. 187

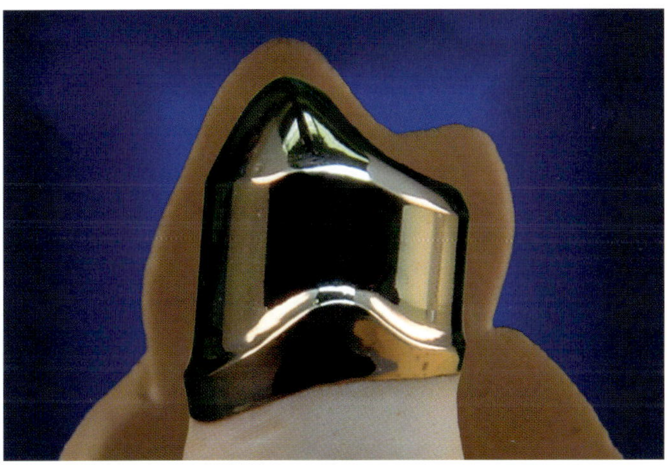

Abb. 188
Primärteil zur Zahnform passend

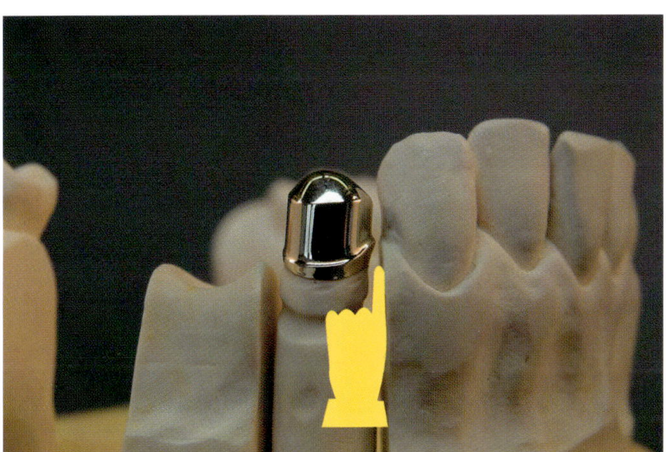

Abb. 189
Am Zahnfleisch orientierte Hohlkehle

Abb. 190 – 192 Verschiedene Ansichten des fertigen Primärteils

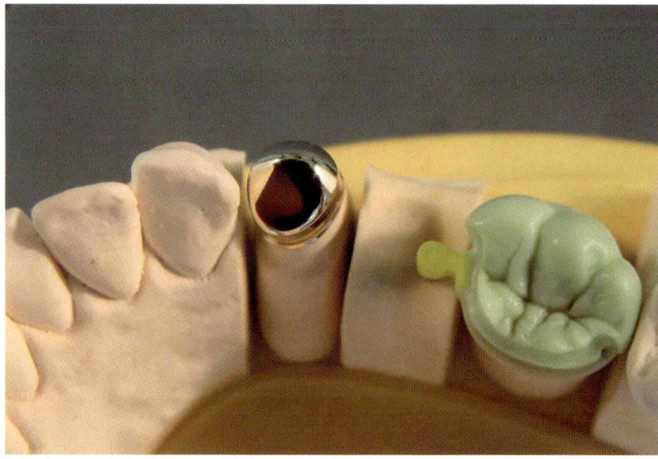

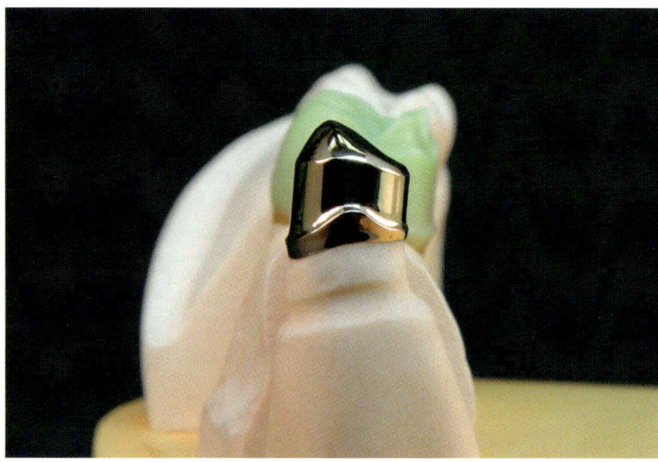

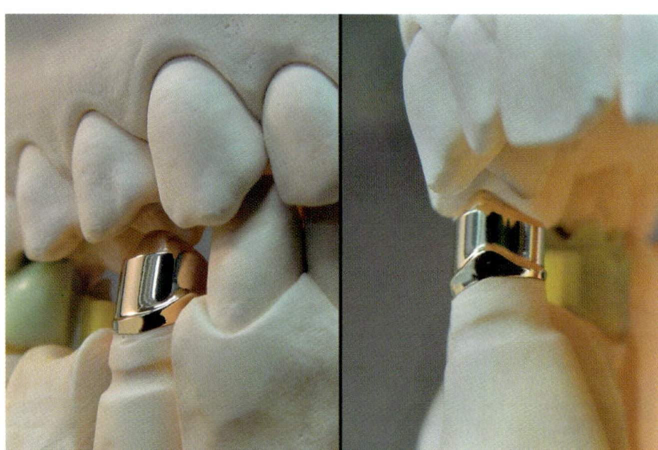

Die Vollgusskrone in Wachs mit konfektioniertem Geschiebe und Umlaufraste

Auf die getauchten Wachskäppchen werden wie bei der Brückenarbeit beschrieben die Höckerkegel aufgebaut, deren Lage und Länge im Artikulator geprüft wird. Anschließend werden Randleisten aufgebaut und die Höckerabhänge vormodelliert. Die Außenform wird anatomisch ergänzt. Danach wird die Kaufläche nach anatomischen und funktionellen Gesichtspunkten vervollständigt.

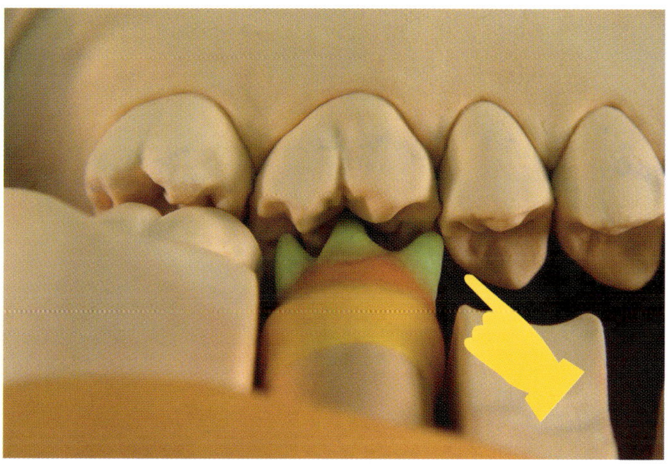

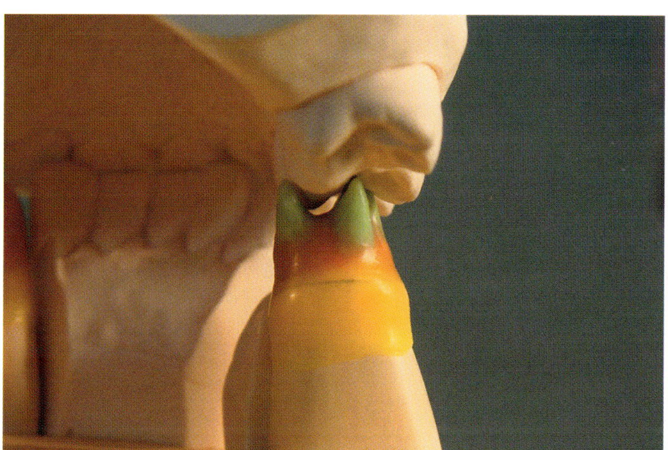

Abb. 193 – 195
Aufbau der Höckerspitzen

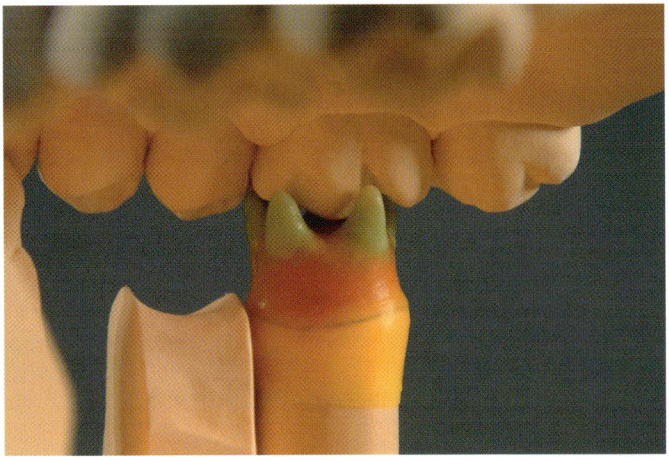

Abb. 195

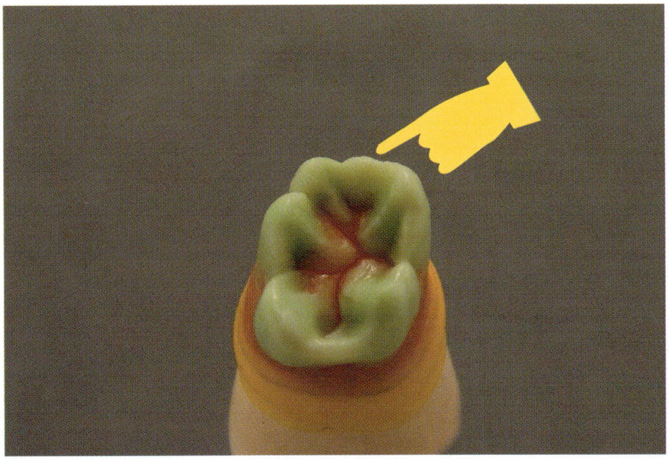

Abb. 196
Aufbau der Leisten

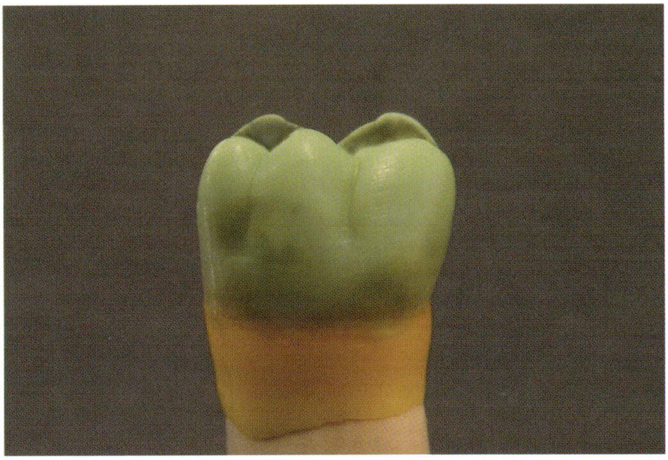

Abb. 197
Anatomische Außenform

Abb. 198
Einteilung der Höcker

Abb. 199
Fertig modellierte Krone

Abb. 200
Anatomisch-funktionelle Kaufläche

Mit einem Filzstift werden die approximalen und zervikalen Grenzen der anzulegenden Fräsfläche angezeichnet. Beim anschließenden Fräsen sollte diese Linie nicht überschritten werden.

Es werden die gleichen Werkzeuge und Einstellungen wie der Herstellung des Primärteils beschrieben verwendet. Es darf nicht zu viel Druck angewendet werden, um eine stärkere Erwärmung und damit ein Schmieren des Wachses zu verhindern. Zum sicheren Arbeiten wird die fräserführende Hand auf dem Modell abgestützt. Die andere Hand stützt gleichzeitig den Modellstumpf mit der modellierten Wachskrone.

Nach dem Fräsen der parallelen Flächen wird eine okklusale, dem Kauflächenrelief angepasste Hohlkehle angelegt. Die verbleibende parallele Fläche darf dadurch nicht zu stark verkleinert werden.

Eine distal gefräste Rille soll in einem in der Prüfung nicht anzufertigendem Sekundärteil Halt und Führung geben.

Abb. 201
Anzeichnung der Begrenzung der Fräsfläche

Abb. 202
Verwendete Wachsfräser

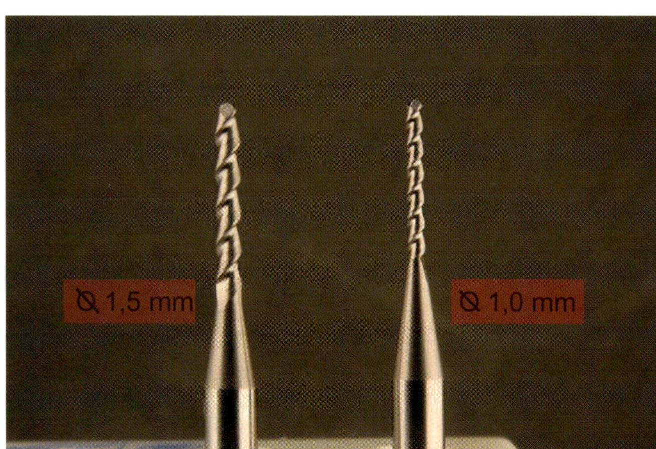

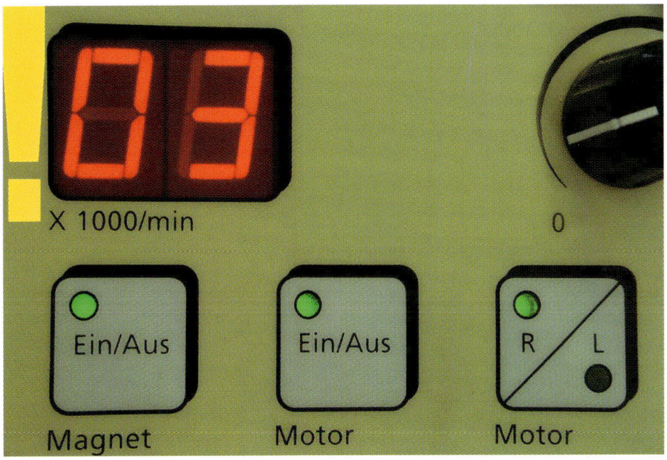

Abb. 203
Eingestellte Drehzahl

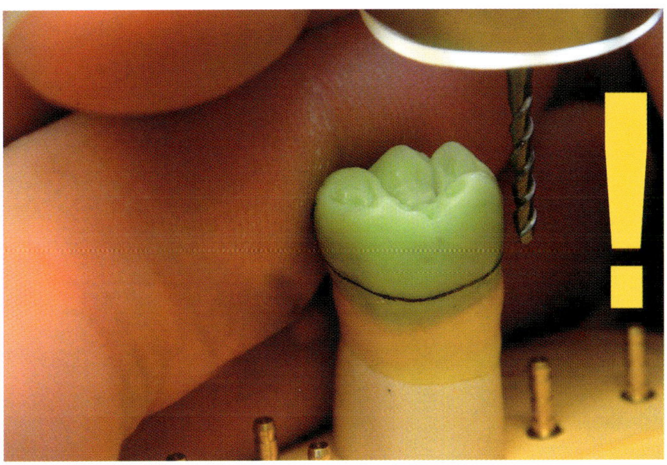

Abb. 204
Abgestütztes Frasen

Die eingestellte Drehzahl sollte im Bereich zwischen 3000 bis 5000 U/min liegen. Je nach verwendeter Wachsart entstehen sonst Rattermarken oder das Wachs fängt wegen der auftretenden Erwärmung zu Schmieren an.

Vor dem Fräsen werden die Pin-Löcher mit Pins verschlossen. So wird verhindert, dass Wachsspäne die offenen Pin-Löcher verschmutzen und sich später die Stümpfe nicht mehr vollständig ins Modell setzen lassen.

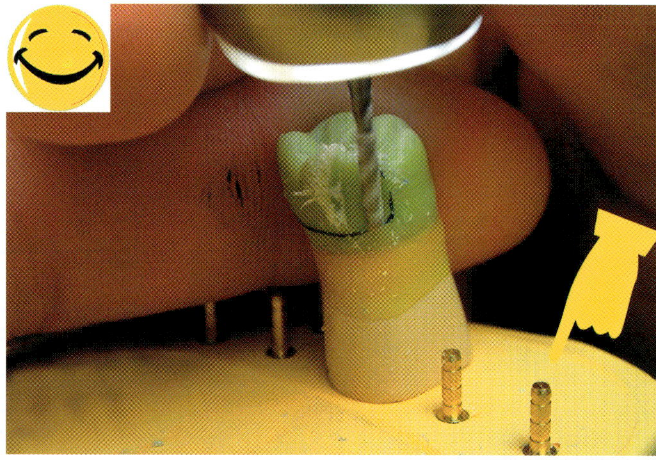

Abb. 205
Verschlossene Pin-Löcher

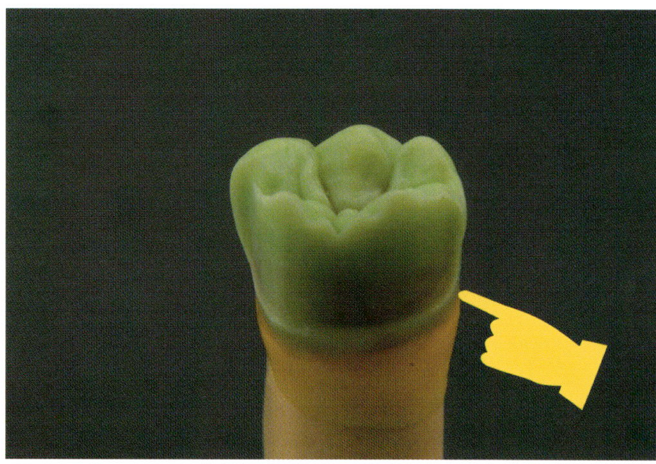

Abb. 206
Zervikale Hohlkehle

Abb. 207
Okklusale Ansicht

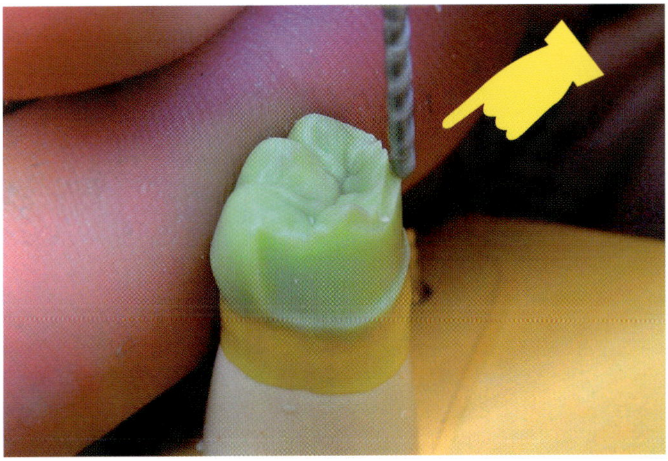

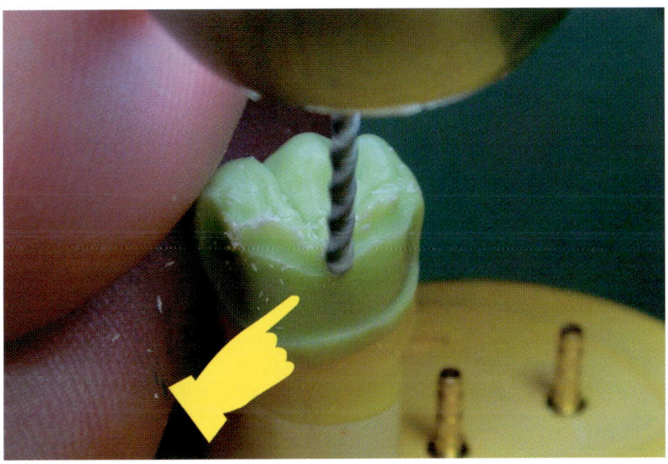

Abb. 208 – 209
Anlage der okklusalen Hohlkehle

Abb. 210 – 211
Angelegte Hohlkehlen mit ausreichend großer Fräsfläche

Abb. 211

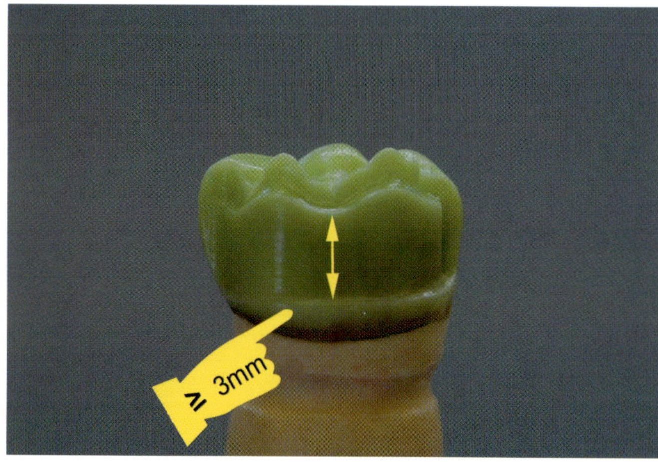

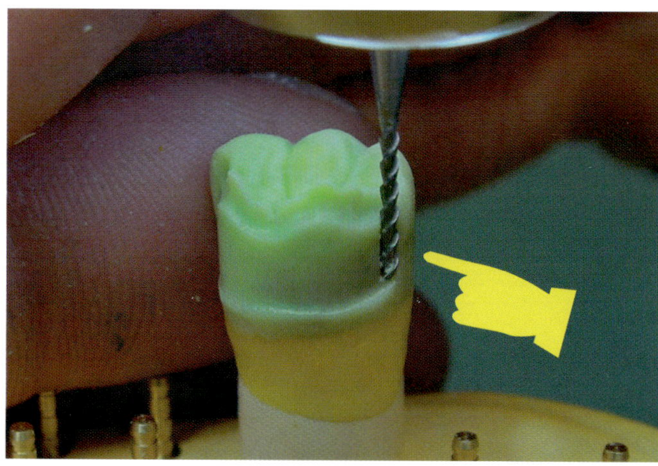

Abb. 212 – 214
Anlage der approximalen Führungsrille

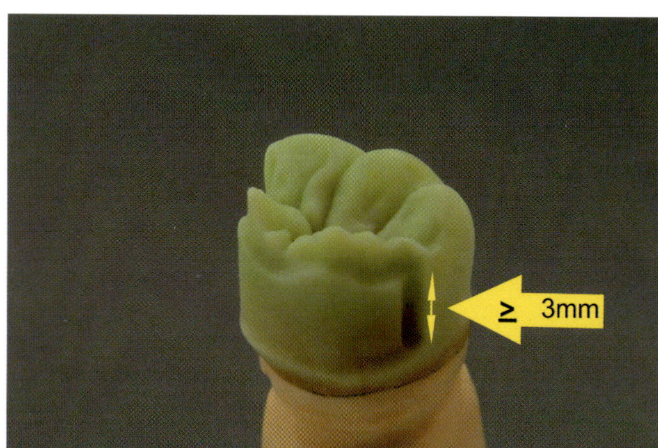

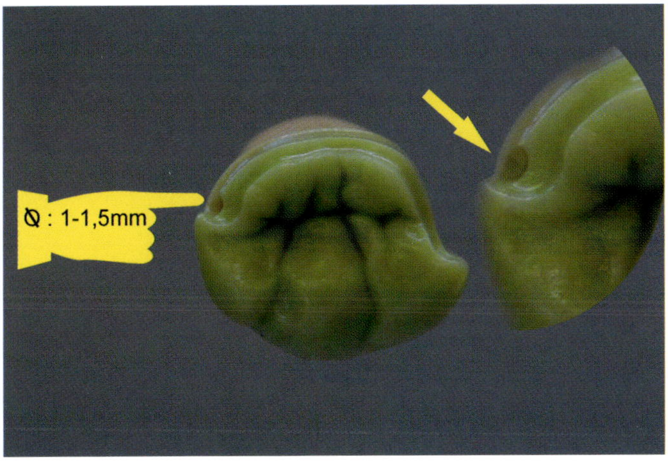

Abb. 214

Nach Abschluss der Wachsfräsung wird das konfektionierte Geschiebe angepasst. Im Parallelometer wird das Geschiebe in Verlängerung der Mittelfissur an die Krone gesetzt und festgewachst. Der zahnlose Kieferkammabschnitt wird isoliert und der Spalt zum Geschiebe mit Gusswachs gefüllt.

Das Halteteil des Geschiebes kann mit einer im Fräsgerät eingespannten Diamantscheibe bei langsamer Drehzahl abgetrennt werden. Dabei besteht die Gefahr, dass sich das Geschiebe von der Krone löst oder die Krone beschädigt wird.

Es muss mit aller Vorsicht gearbeitet werden, da sonst durch den beweglichen Arm des Fräsgerätes und die rotierende Diamantscheibe höchste Unfallgefahr besteht!

Das Abtrennen des Halteteils mit einer erhitzten Skalpellklinge ist weit weniger gefährlich und führt auch zum gewünschten Ziel.

Das Geschiebe darf nach dem Abtrennen nicht zu kurz sein, muss aber zum Gegenbiss ausreichend Platz für eine Sekundärkonstruktion lassen.

Zum Schluss werden die Kronenränder überarbeitet und die Übergänge zwischen Geschiebe und Krone geglättet.

Um Beschädigungen der Wachskrone während der Herstellung der anderen Prüfungsarbeiten zu vermeiden, sollten diese nach einer letzten Kontrolle sicher verwahrt werden.

☺ Vor dem Anwachsen des Geschiebes im Parallelometer lässt sich dieses leicht durch Beschneiden oder Fräsen an die Modellsituation anpassen.

Abb. 215
Vorbereiten des extrakoronalen Geschiebes

> ❗ Das Geschiebe sollte aus statischen Gründen in Verlängerung der Mittelfissur fixiert werden. Eine Verlagerung nach oral oder bukkal würde eine später anzufertigende Sekundärkonstruktion nachteilig beeinflussen.

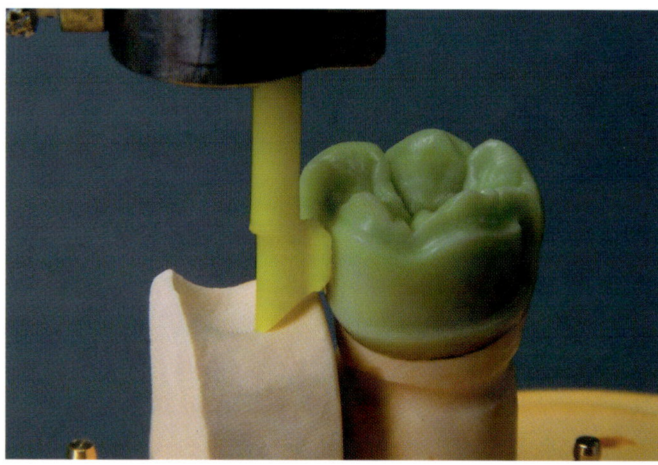

Abb. 216 – 217
Ansetzen des Geschiebes im Parallelometer

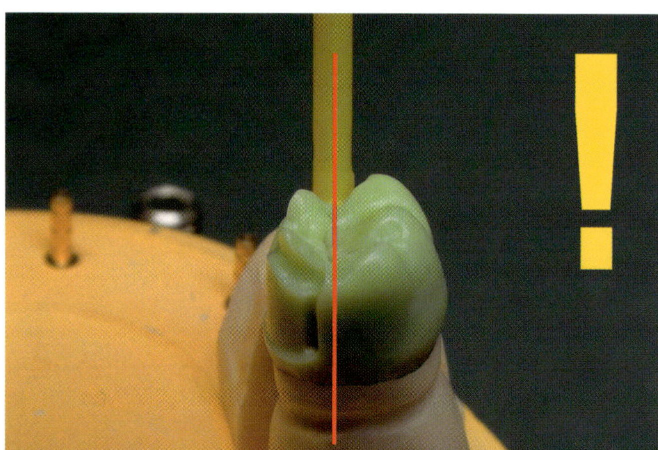

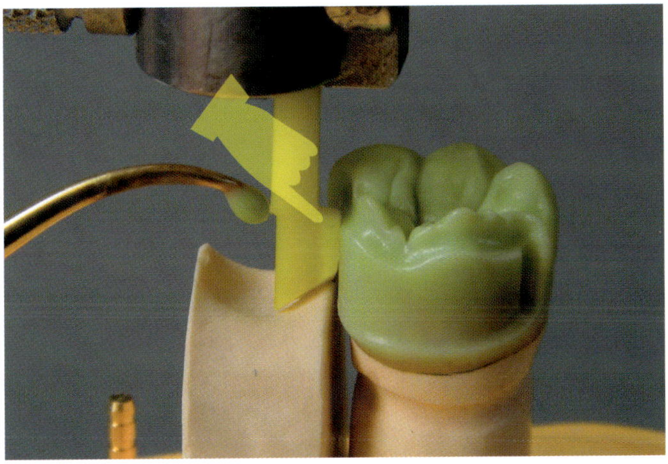

Abb. 218
Anwachsen des Geschiebes an die Krone

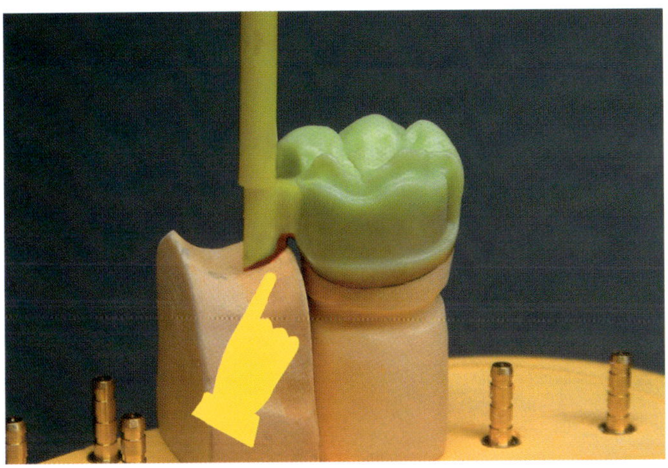

Abb. 219
Basales Auffüllen

Beim Abtrennen des Halteteils ist höchste Aufmerksamkeit gefordert, um ein Abreißen des Geschiebes oder eine Zerstörung der Krone zu verhindern. Weniger gefährlich als das Abtrennen mit einer Diamantscheibe ist das Abschneiden mit einem erhitzten Skalpell.

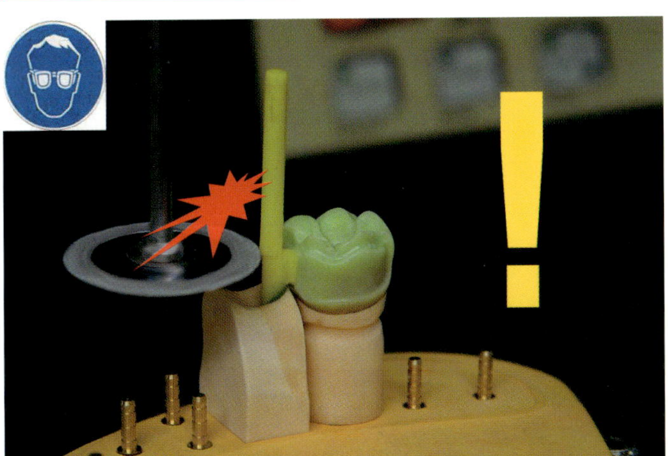

Abb. 220
Abtrennen des Halteteils

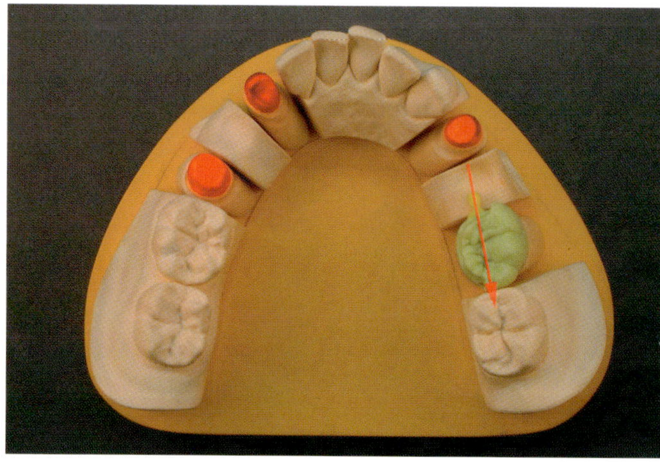

Abb. 221
Mittig gesetztes
Geschiebe

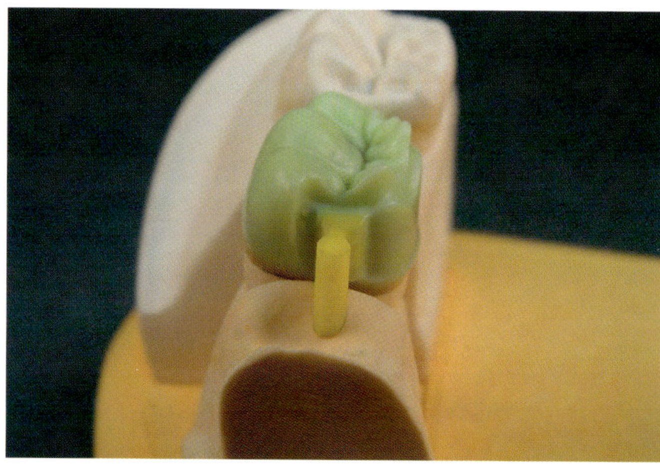

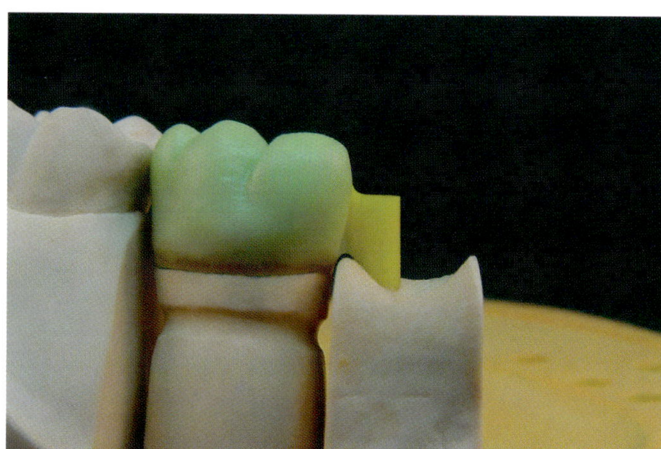

Abb. 222 – 225
Fertige Arbeit in
verschiedenen
Ansichten

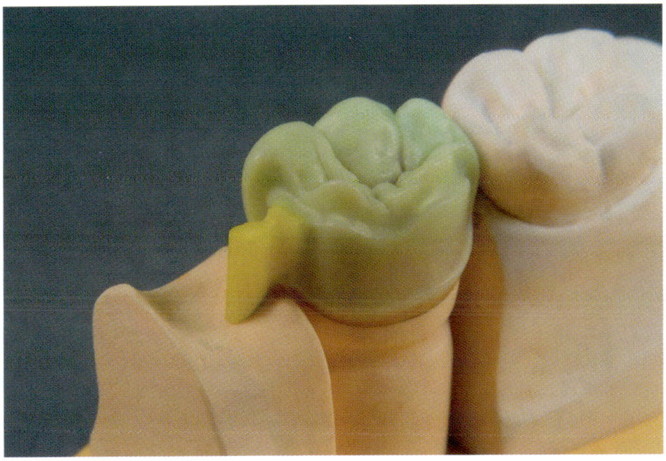

Abb. 224

Abb. 225

Die Modellgussprothese

Auch die Aufgabenstellung für die Modellgussprothese kann sich von Kommission zu Kommission unterscheiden. Teilweise werden die Klammerkonstruktionen und/oder Basisgestaltung vorgegeben. Die genauen Vorgaben der zuständigen Kommissionen müssen im Vorfeld der Prüfung geklärt werden.

Die Modelle werden wie schon bei der vorherigen Arbeit mittelwertig eingestellt. Im nächsten Schritt das Modell vermessen. Hierzu wird eine günstige gemeinsame Einschubrichtung ermittelt, welche die Unterschnitte der Klammerzähne, Kieferkammverhältnisse und Ästhetik berücksichtigt. Nach dem Anzeichnen des prothetischen Äquators wird die Lage der Klammerspitzen festgelegt und markiert. Die Klammern werden in geschwungenem Verlauf angezeichnet. Dabei ist darauf zu achten, dass nur der Klammerunterarm unterhalb des Äquators zu liegen kommt.

Da die Einhaltung der Parodontienfreiheit ein wichtiges Beurteilungskriterium darstellt empfiehlt sich das Anzeichnen einer genügend großen Sperrfläche, welche im Oberkiefer 7 – 8 mm und im Unterkiefer ca. 5 mm nicht unterschreiten sollte.

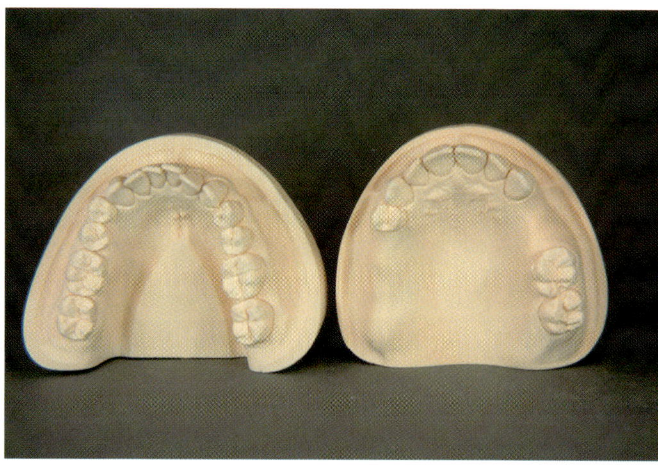

Abb. 226 – 228
Ausgangssituation

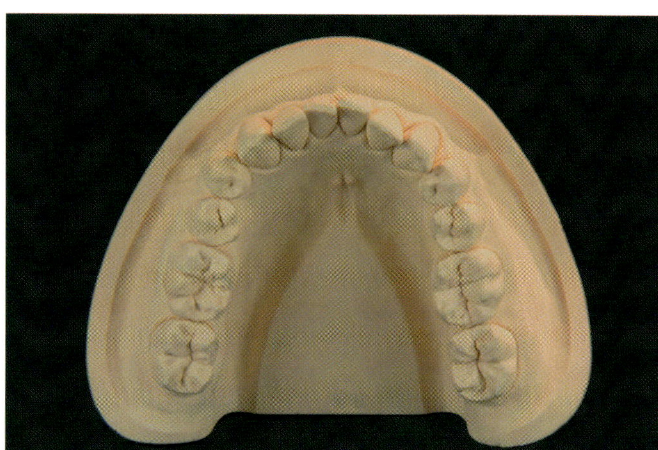

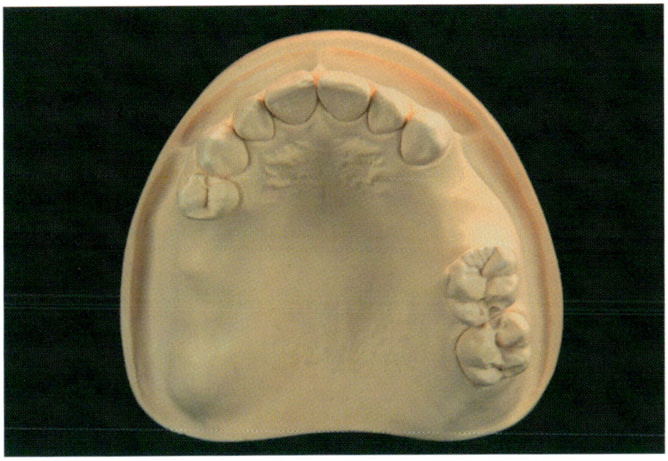

Abb. 228

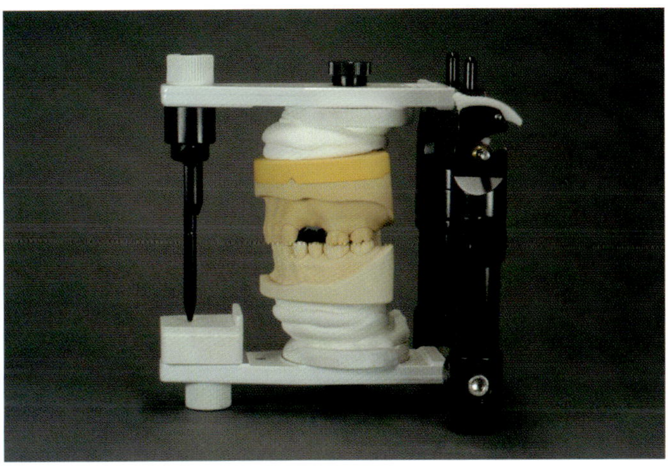

Abb. 229 – 231
Mittelwertig
eingestelltes
Modellpaar

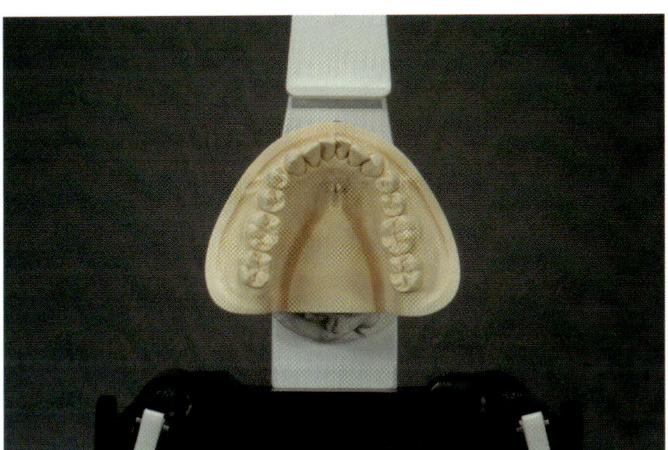

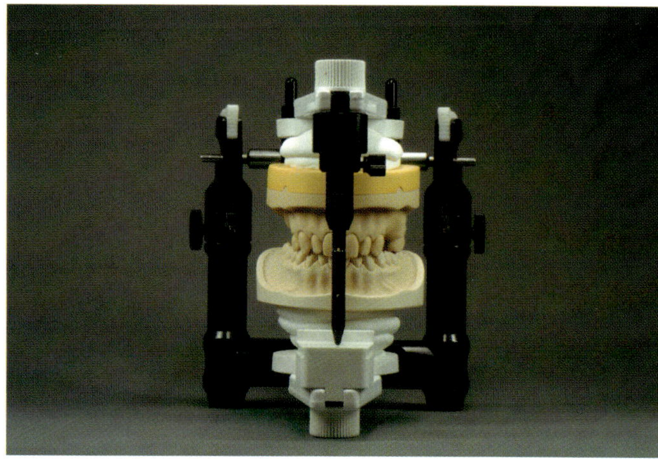

Abb. 231

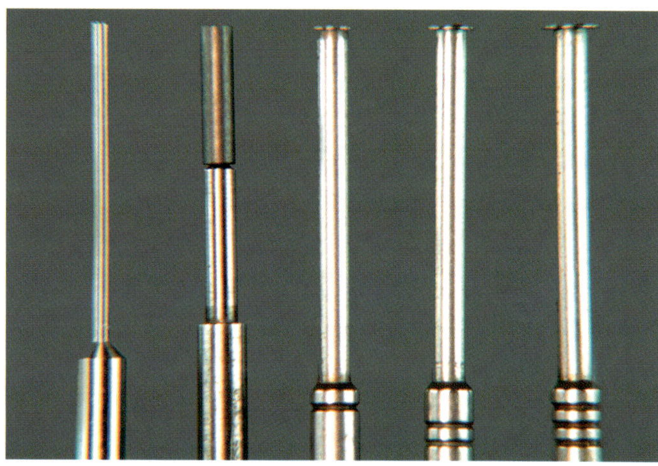

Abb. 232
Vermessungs-
besteck nach Ney

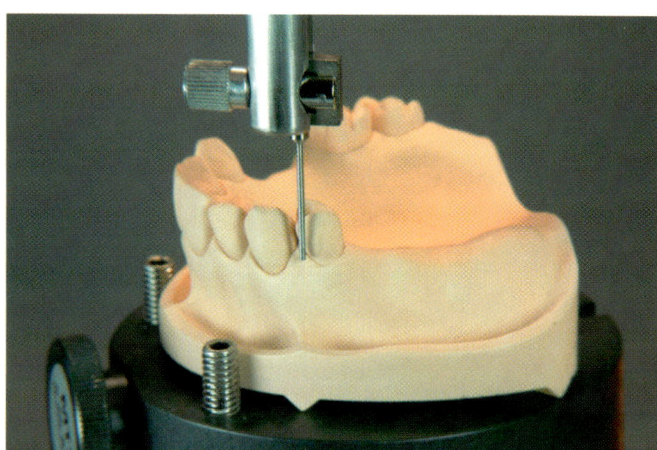

Abb. 233 – 234
Einstellen der
Einschubrichtung

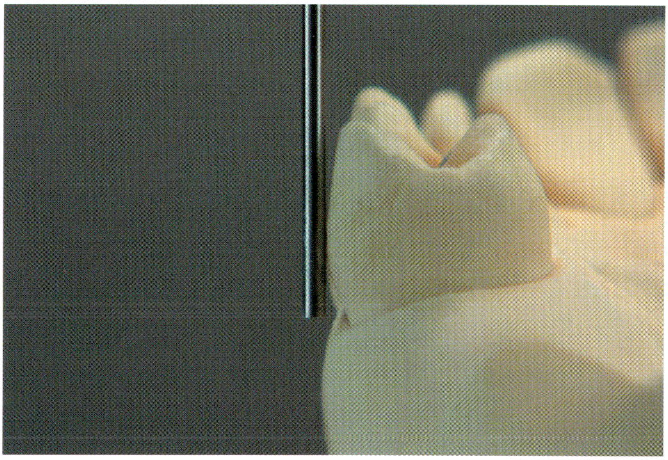

Abb. 234

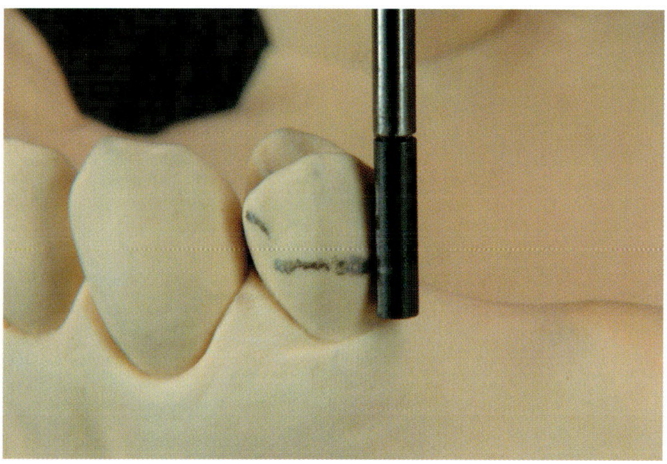

Abb. 235
Anzeichnen des prothetischen Äquators

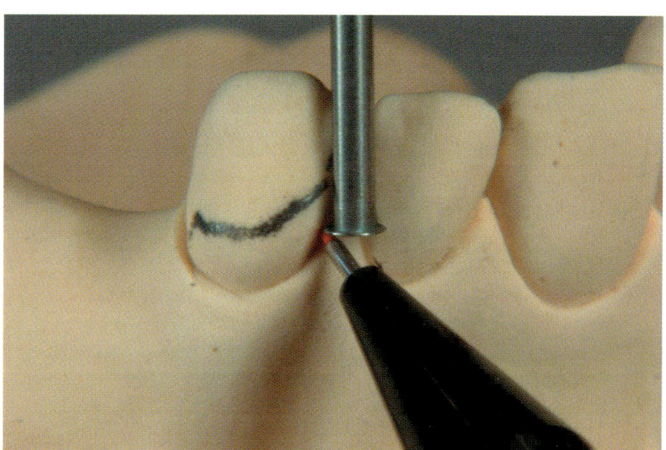

Abb. 236 – 237
Anzeichnen der Klammerspitze

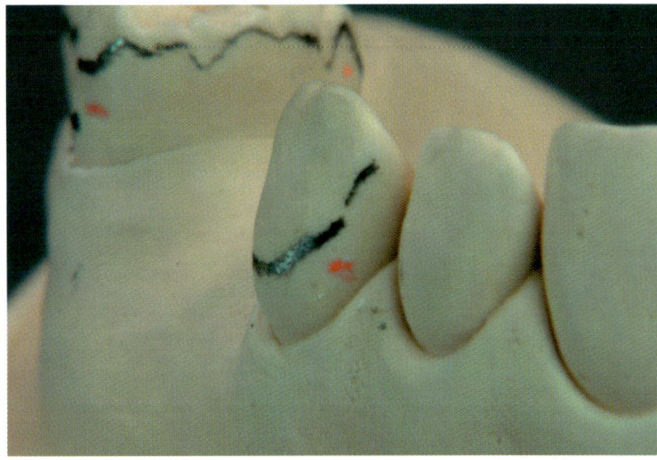

Abb. 237

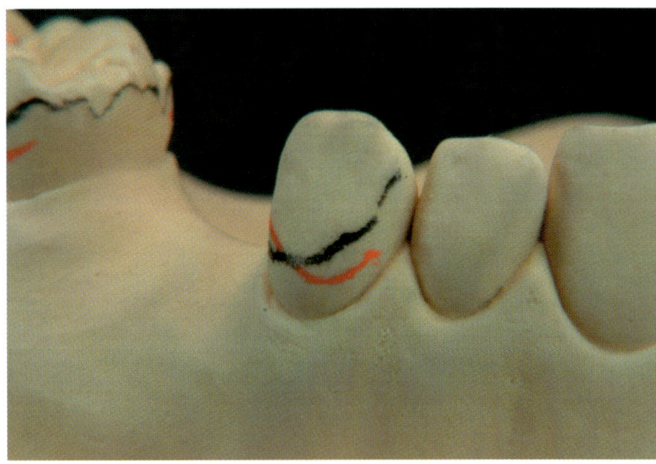

Abb. 238
Klammerverlauf angezeichnet

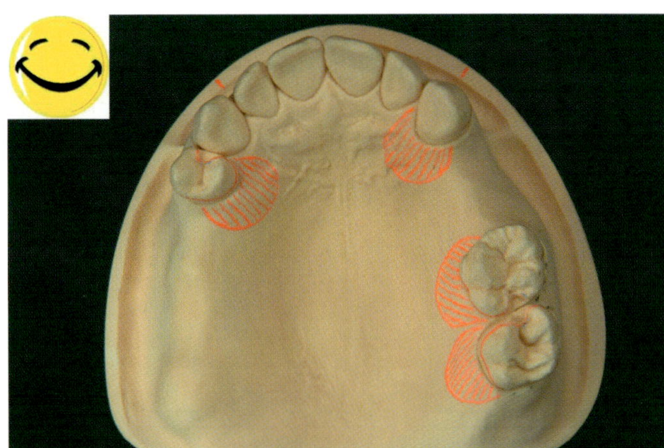

Abb. 239
Anzeichnen der „Sperrzone"

☺ Um eine ausreichende Parodontienfreiheit zu gewährleisten empfiehlt sich das Anzeichnen einer genügend großen Sperrfläche, welche möglichst von der approximalen Mitte der Klammerzähne ausgehen sollte. Diese Sperrfläche muss bis zur Fertigstellung der Prothese freigehalten werden.

Die Basis wird auf dem Modell angezeichnet. Im Oberkiefer soll nach Möglichkeit der anteriore Bereich des Gaumens freigehalten werden. Die transversale Verbindung soll soweit als möglich nach dorsal verlegt werden. Ein harmonischer Eindruck entsteht, wenn sich die Form der Basis am dorsalen Rand des knöchernen Gaumens orientiert. Der vordere Rand der Basis wird im Bereich der Medianebene parallel dazu gestaltet. Im Unterkiefer darf das Zungenbändchen in seiner Bewegungsfreiheit nicht gestört werden. Der Unterkieferbügel wird in ausreichendem Abstand zum Mundboden geschwungen eingezeichnet. Da der fertiggestellte Unterkieferbügel keinen Kontakt zur Schleimhaut haben soll, wird eine 0,3 mm starke Wachsplatte als Platzhalter auf dem Modell adaptiert. Vor dem Übergang zu den Sätteln wird das Wachs dünn auslaufend modelliert.

Im Bereich der Schultern und der Klammeroberarme wird zum Ausblocken der untersichgehenden Bereiche Wachs aufgetragen. Anschließend wird dieses mit einem Wachsschaber oder einem Thermoausblockstift reduziert. Wird anstatt eines parallelen Werkzeuges ein konisches(2°) benutzt, so kann eine unerwünschte Geschiebewirkung beim Einsetzen vermieden werden. Als Platzhalter für den Kunststoff wird im Bereich der Sättel geeignetes Vorbereitungswachs aufgelegt und fixiert. Um einen scharfkantigen und mechanisch retentiven Abschlussrand in definierter Stärke zu erhalten wird das Vorbereitungswachs zur Basis hin im spitzen Winkel geschnitten.

Eine Wachsstufe auf Höhe des angezeichneten Klammerunterarms garantiert bei der Modellation die richtige Lage des Klammerprofils auf dem Einbettmassemodell.

Eine Radierung der Plattengrenzen ermöglicht elegantere Übergänge zwischen Basis und Gaumen und kann das Ausarbeiten erleichtern. Die vorhergehende Anzeichnung muss entsprechend präzise ausgeführt werden, da eine nachträgliche Formkorrektur nicht mehr möglich ist. Die Radierung darf nur schwach erfolgen.

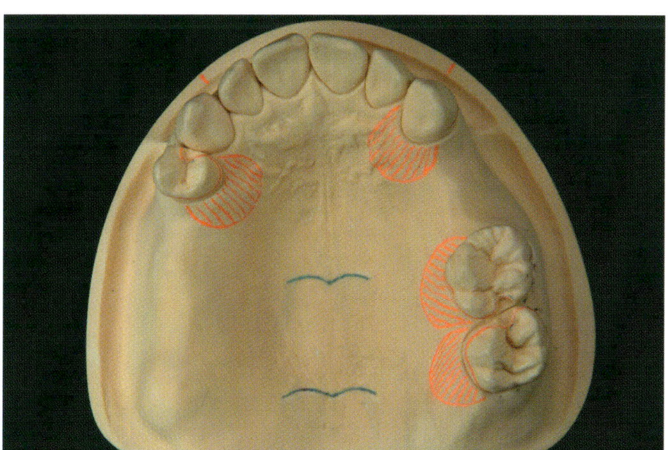

Abb. 240 – 241
Anzeichnen des Plattenverlaufs

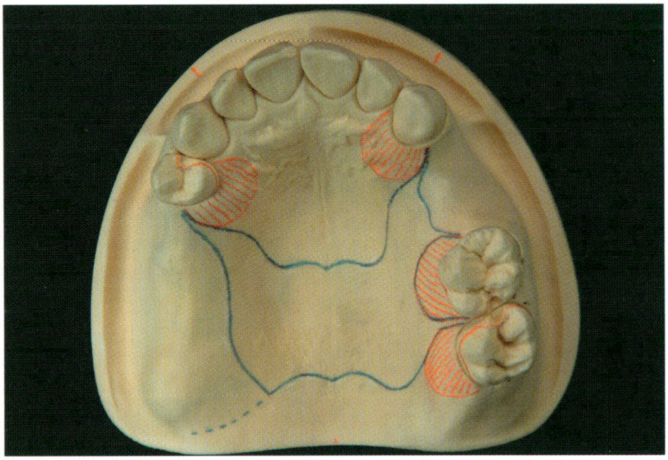

Abb. 241

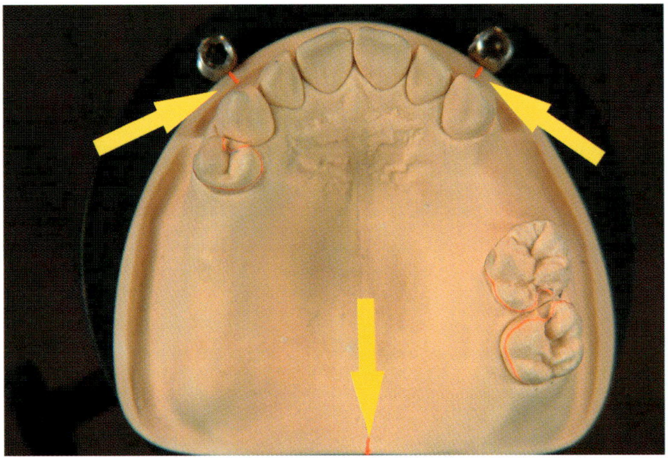

Abb. 242
Hilfreiche Markierungen zum Wiederfinden der eingestellten Position

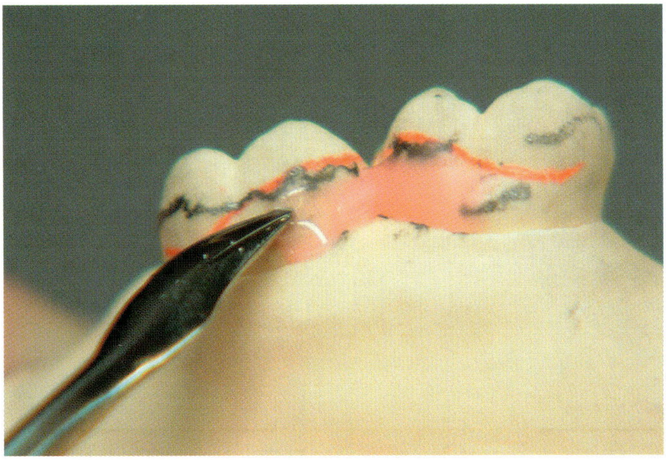

Abb. 243 – 245
Ausblocken im Bereich der Oberarme und Schultern

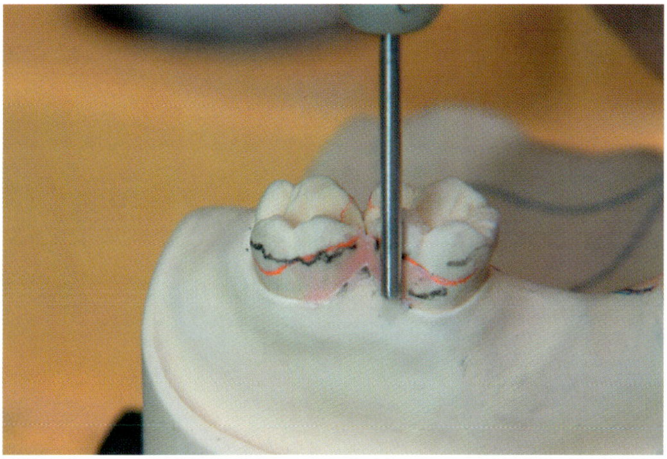

Abb. 244

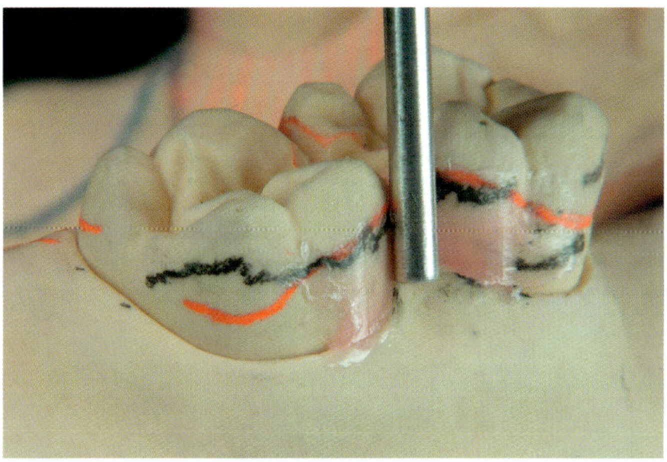

Abb. 245

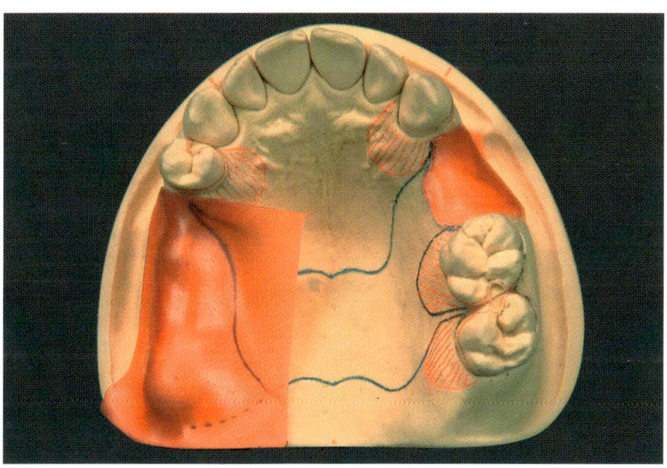

Abb. 246
Auflegen des
Unterlegwachses

Um einen untersichgehenden Abschlussrand auf der Basalfläche der Modellgussplatte zu erhalten, wird das Vorbereitungswachs im spitzen Winkel abgeschnitten. Siehe Abb. 247 – 249. Ein so gestalteter Abschlussrand verhindert nach der Fertigstellung ein Ablösen des Kunststoffes, insbesondere beim Abdampfen nach der Politur.

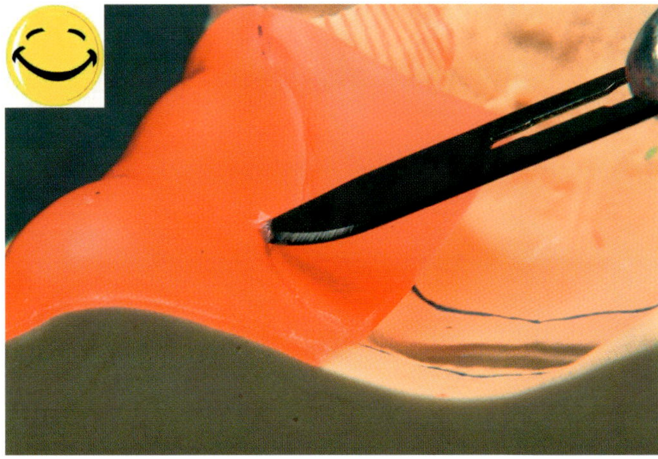

Abb. 247
Abschneiden des Unterlegwachses

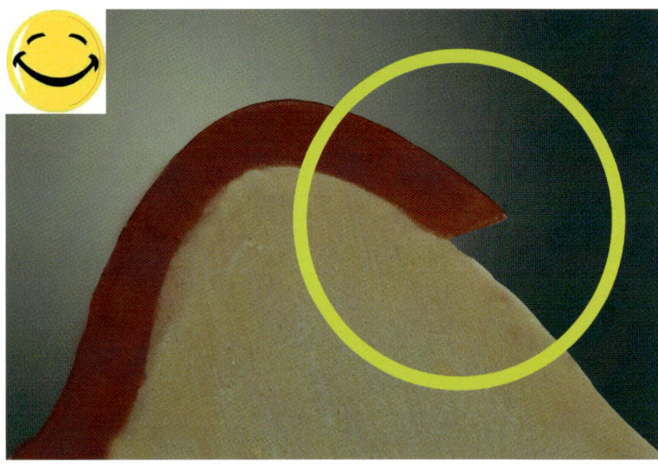

Abb. 248
Untersichgehende Kante

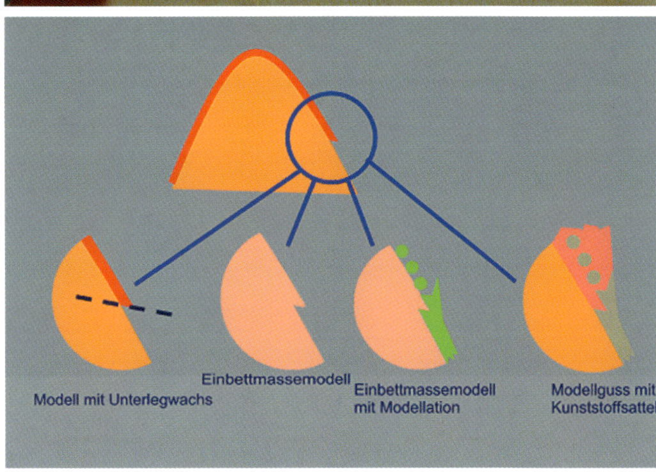

Abb. 249
Vom Unterlegwachs zur mechanischen Retention

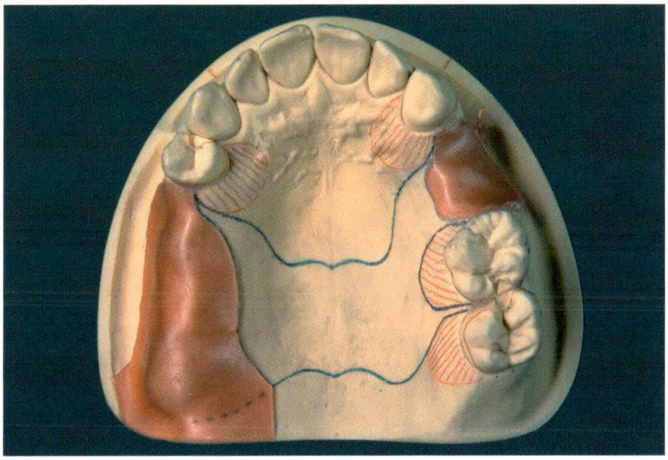

Abb. 250
Unterlegwachs
fertig aufgebracht

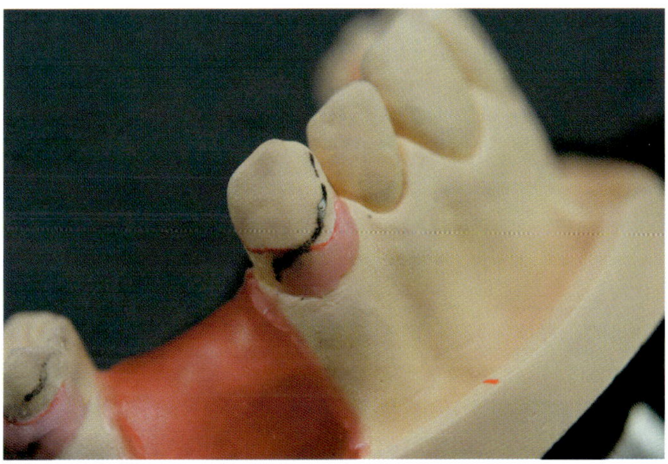

Abb. 251
Wachsstufe

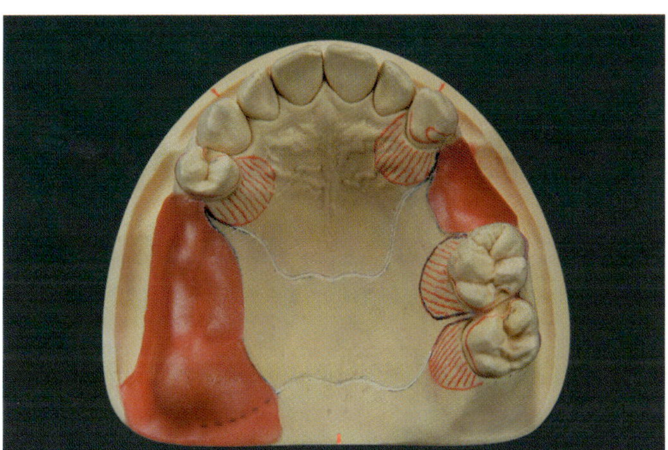

Abb. 252
Leichte Radierung
der Plattengrenzen

Zum Dublieren wird sowohl Silikon als auch Gel verwendet. Vorgaben der Kommissionen müssen hierzu beachtet werden. Bei Gel-Dublierung ist auf ausreichendes Wässern des Modells zu achten. Werden eigene Einbettmassen zur Prüfung mitgebracht, so ist darauf zu achten, dass die Einbettmasse auch für Gel-Dublierung geeignet ist. In der Regel müssen in Gel-Formen hergestellte Einbettmassemodelle gehärtet werden. Herstellerangaben hierzu müssen unbedingt beachtet werden.

Im Gegensatz zur Gel-Dublierung muss das Modell bei Silikon-Dublierung nicht gewässert werden. Auf ein Härten des Einbettmassemodells kann in der Regel verzichtet werden. Auch hier müssen die Herstellerangaben unbedingt beachtet werden.

Abb. 253
Silikon-Dublierung

Abb. 254
Gel-Dublierung

- Bei Gel-Dublierung müssen die vorbereiteten Modelle auf jeden Fall ausreichend lange in handwarmem Wasser gewässert werden, da sonst aufsteigende Luft Blasen in der Dubliermasse verursacht.
- Die Modelle müssen kopfüber ins Wasser gelegt werden. So kann die Luft durch den Modellboden entweichen und es besteht nicht die Gefahr, dass das Vorbereitungswachs vom Modell abgehoben wird.

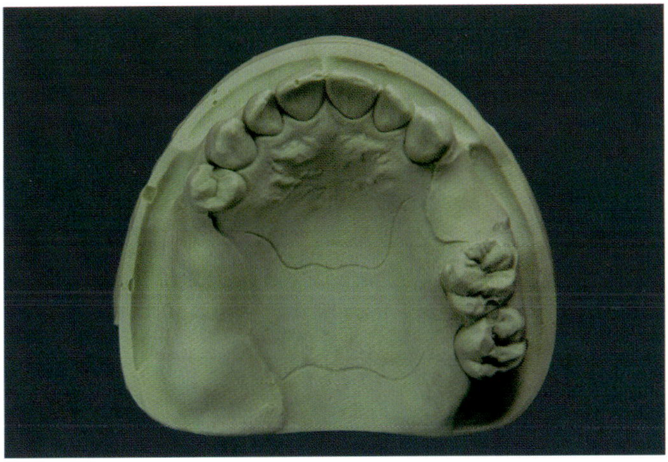

Abb. 255
Einbettmasse-modell

Nach der Herstellung des Einbettmassemodells kann mit der Modellation der Modellgussplatte begonnen werden. Vorherige Anzeichnungen auf dem Einbettmassemodell dürfen nicht mit graphithaltigen Stiften erfolgen.

Modellation im Oberkiefer

Zur Verstärkung der Plattenbasis wird im Oberkiefer ein geeigneter Wachsdraht in der Mitte der Basis deren Verlauf entsprechend platziert und flach auslaufend angeschwemmt. Eine glatte Gusswachsplatte wird darüber gelegt und 2 mm vor Plattengrenze abgeschnitten. Die entstehende Schnittkante wird flach auslaufend geschabt, damit sie unter der später aufzulegenden genarbten Wachsplatte nicht sichtbar wird. Die Retentionen werden aufgelegt und an den zur Basis zeigenden Abschlusskanten verwachst. Jetzt kann die genarbte Wachsplatte aufgelegt und verwachst werden. Die Plattengrenzen werden zur Basis hin dünn auslaufend und zu den Sätteln hin kantig gestaltet.

Nach dem Anlegen der Klammerprofile werden diese verwachst, Auflagen modelliert und die Klammern mit der Basis in ausreichender Stärke verbunden.

Modellation im Unterkiefer

Ein Unterkieferbügelprofil wird vorgeformt und unter Beachtung des Zungenbändchens und der Sperrzonen in geschwungenem Verlauf mit der flachen Unterseite auf dem Einbettmassemodell angelegt. Um Bruchgefahr zu vermeiden soll das Bügelprofil erst hinter der Kante des Vorbereitungswachses abgeschnitten werden. Die Kante wird mit Wachs ausgeschwemmt. Nach dem Anlegen der Retentionen werden diese mit dem Bügelprofil verbunden. Mit Hilfe eines dünnen Wachsdrahtes werden geschwungene Abschlussränder an den Sätteln modelliert.

Nach dem Anlegen der Klammerprofile werden diese verwachst, Auflagen modelliert und die Klammern mit der Basis in ausreichender Stärke verbunden.

Abb. 256 – 258
Verstärkung der Plattenbasis

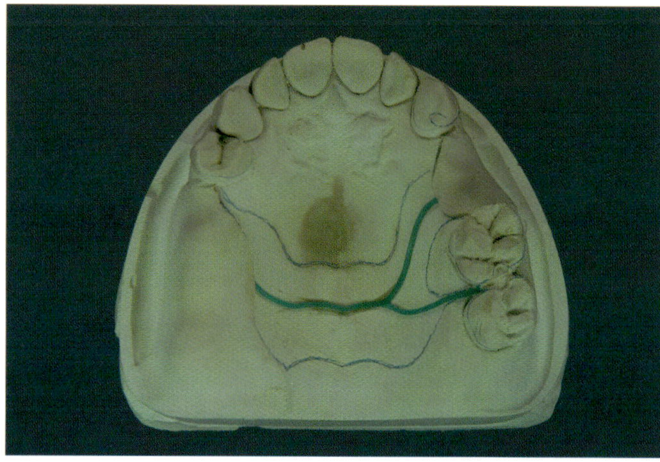

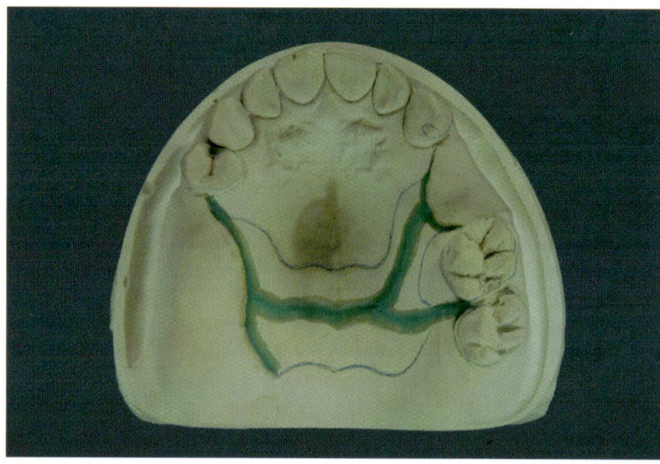

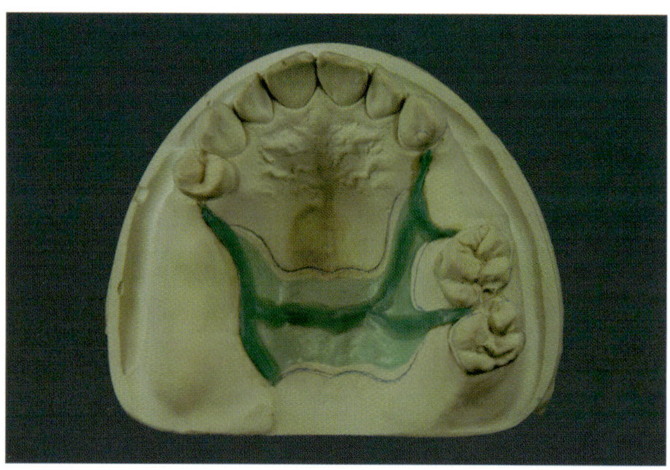

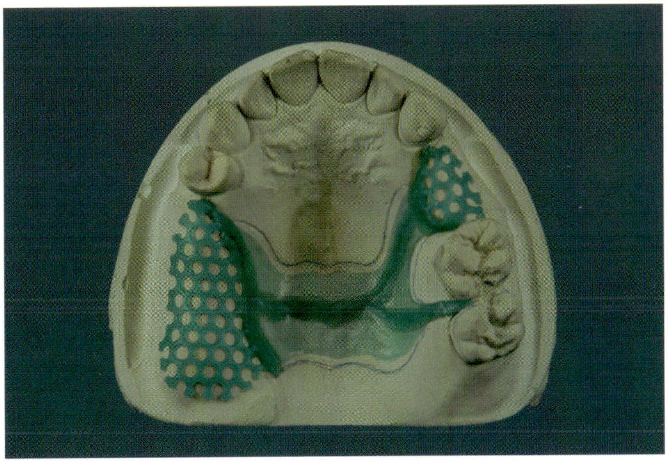

Abb. 259
Anbringen der Retentionen

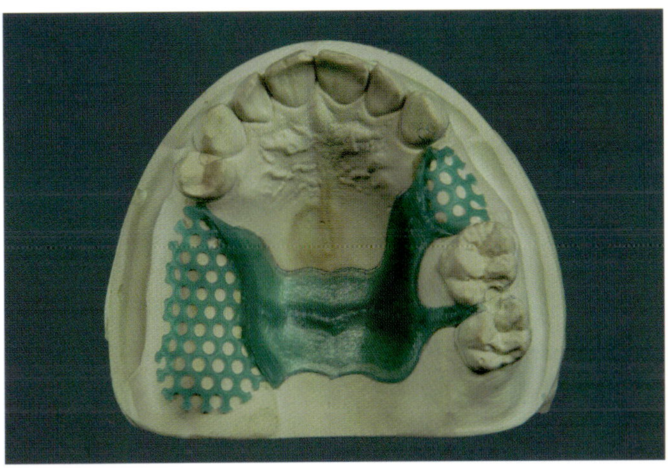

Abb. 260
Modellieren der Basis

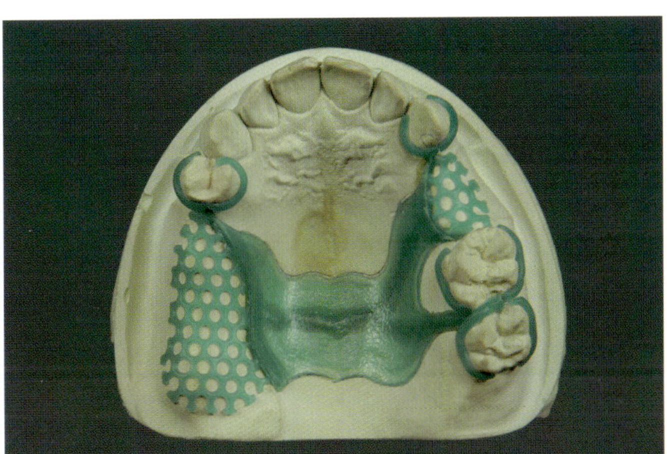

Abb. 261
Anlegen der Klammern

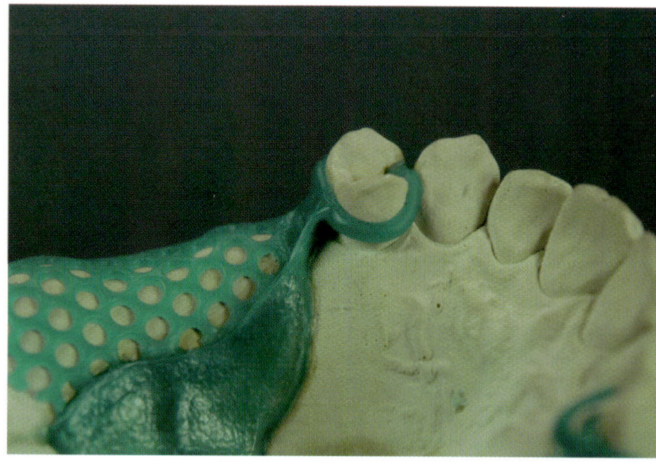

Abb. 262
Abschlussrand unter Beachtung der „Sperrzone"

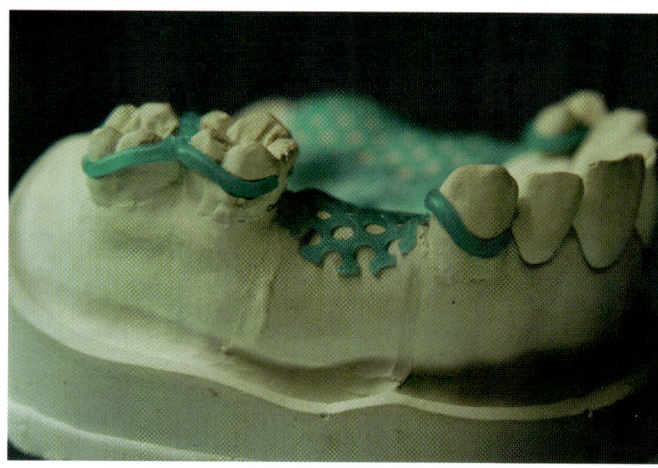

Abb. 263
Fertig modellierte Platte von bukkal

Das Anstiften erfolgt in bewährter Weise. Ein Entlüftungskanal, der aus einem 1 mm dicken Wachsdraht geformt und an Klammern und Sattel angebracht wird, verringert die Gefahr, dass Teile der Modellation beim Guss nicht ausfließen. Zur Überbettung wird die Einbettmasse nach Herstellerangaben angemischt. Vorwärmen und Gießen erfolgen nach den in den Gebrauchsanweisungen der verwendeten Materialien genannten Angaben. Nach dem langsamen Abkühlen der Muffel wird diese gewässert, um Staubbildungen beim Ausbetten zu verhindern. Mit einer geeigneten Ausbettzange wird nun die Modellgussprothese vorsichtig freigelegt. Einbettmassereste und Oxide werden beim Abstrahlen entfernt. Die folgende Ausarbeitung soll zu einem gut passenden, hochglanzpolierten Modellgussgerüst führen. Scharfe Spitzen und scharfkantige Ränder müssen gebrochen werden. Die Innenflächen der Klammern müssen ebenfalls bearbeitet und poliert werden.

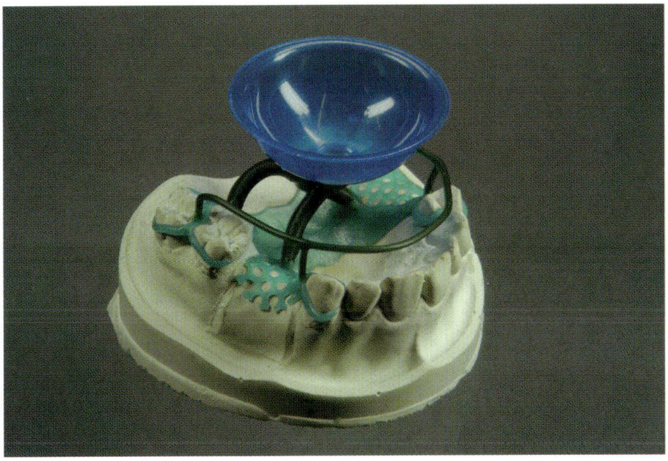

Abb. 264 – 265
Angesetzte
Gusskanäle

Abb. 266
Vorwärmen der
Muffel

Abb. 267 – 269
Wässern und Ausbetten der Muffel

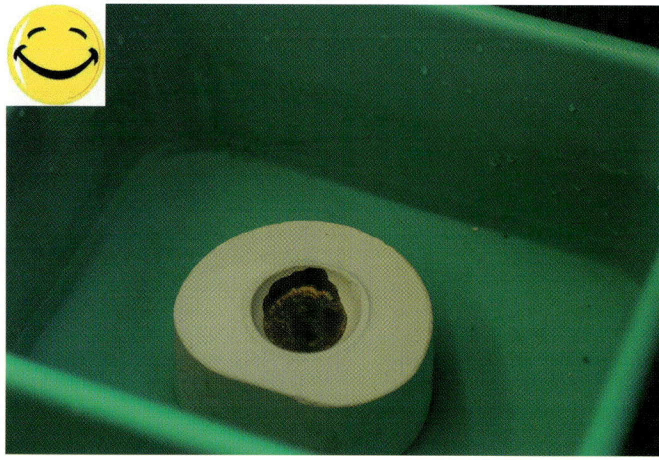

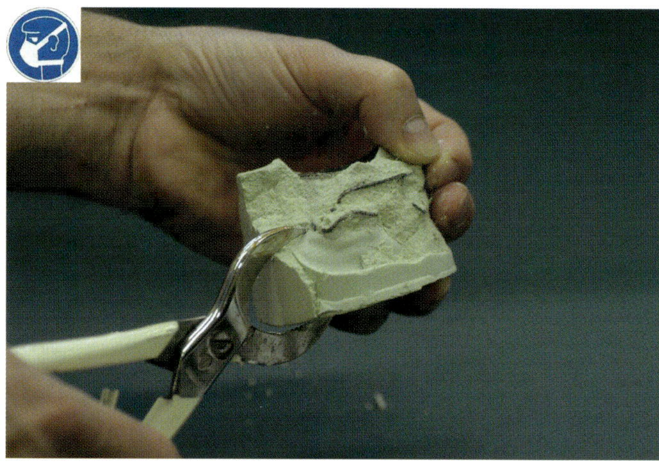

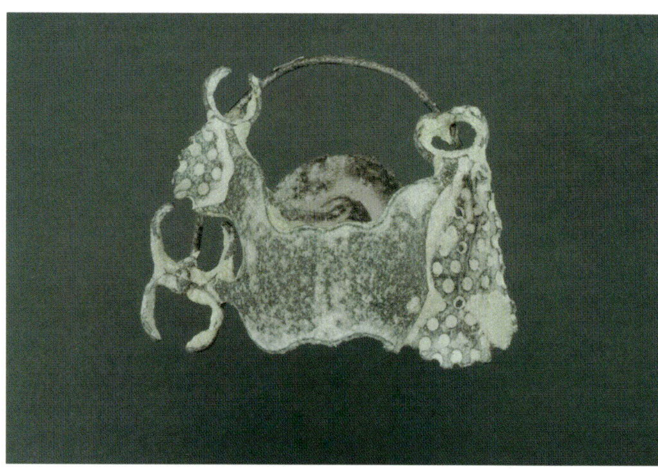

☺ Ausreichendes Wässern der Muffel verhindert Staubbildung beim Ausbetten und schützt eure Gesundheit.

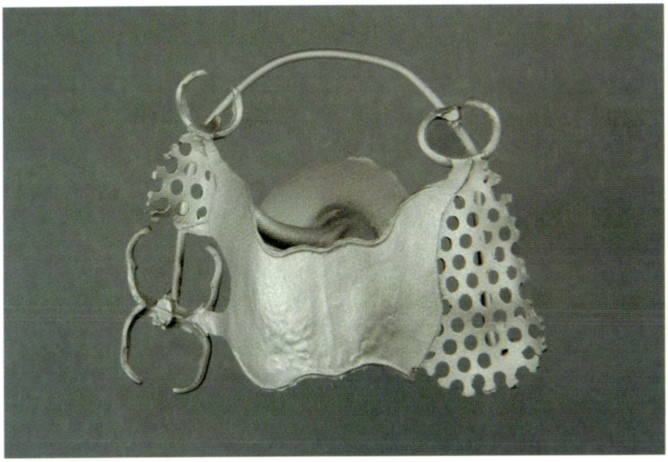

Abb. 270
Abgestrahltes
Gussobjekt

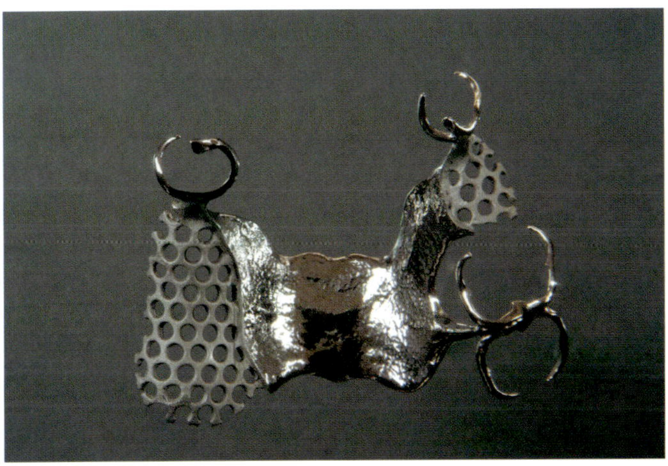

Abb. 271 – 272
Fertige Platte
ohne...

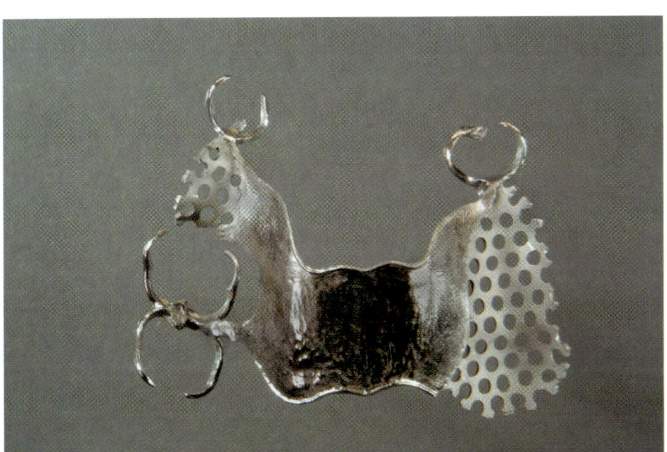

Abb. 273 – 276
... und mit Modell

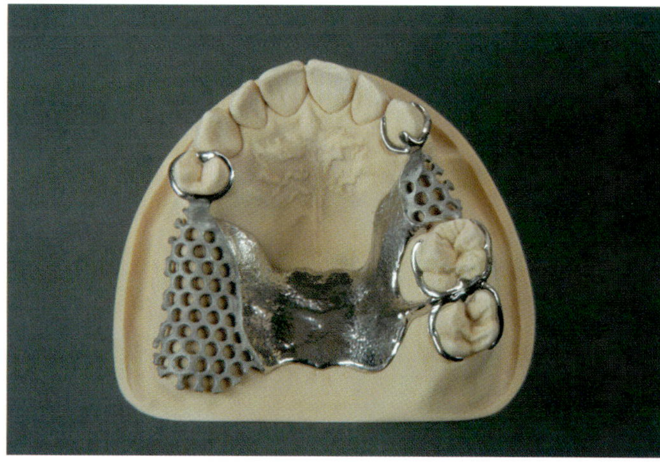

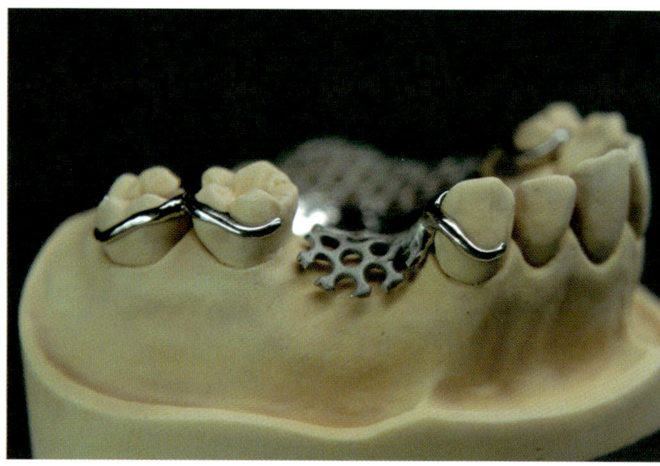

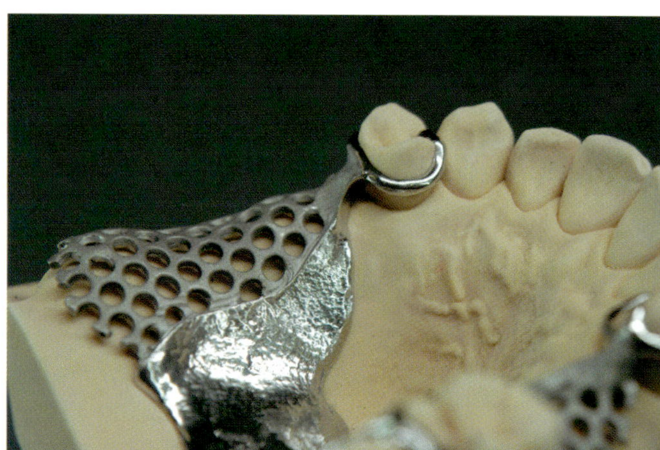

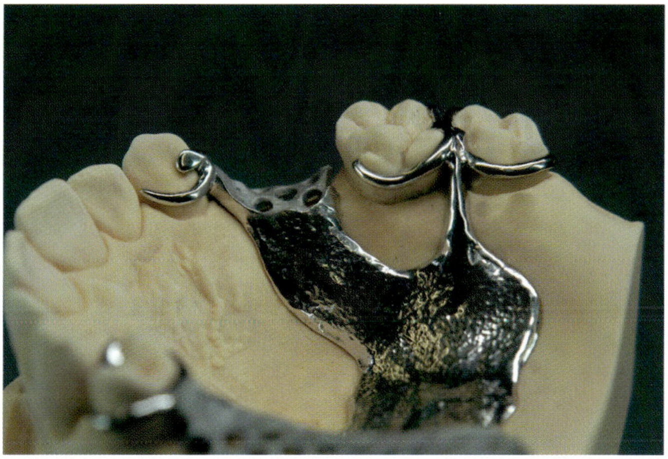

Abb. 276

Nach der Fertigstellung des Modellgussgerüstes kann mit der Aufstellung begonnen werden. Müssen Zähne auf vorhandene Klammern aufgeschliffen werden, so kann ein Stückchen Okklusionsfolie beim Auffinden der auszuschleifenden Stellen hilfreich sein. Im Idealfall entsteht der Eindruck, als ob die Klammer aus dem Zahn kommt. Okklusal darf eingeschliffen werden, um eine bessere Anpassung an die antagonistische Kaufläche zu erreichen. Nach dem Ausmodellieren werden Vorwälle hergestellt und die Modellgussprothese in gewohnter Weise fertiggestellt.

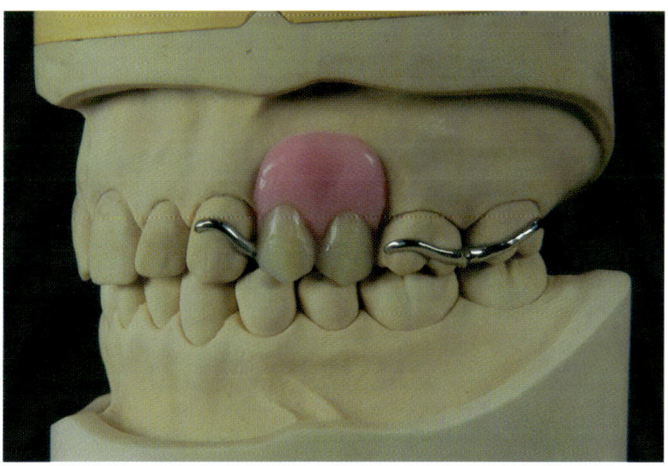

Abb. 277 – 279
Aufstellung der
Zähne

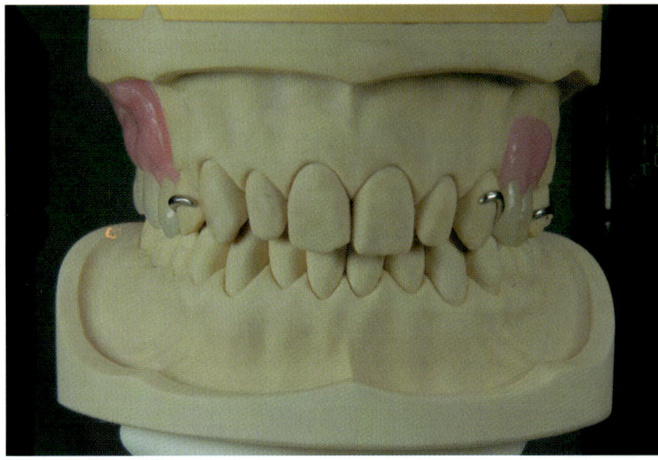

Abb. 278

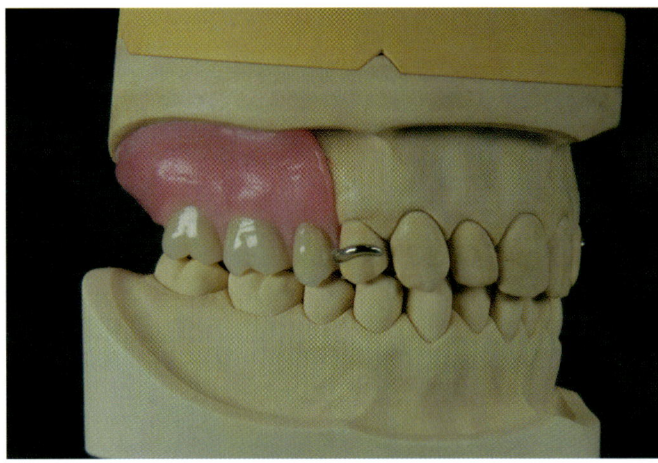

Abb. 279

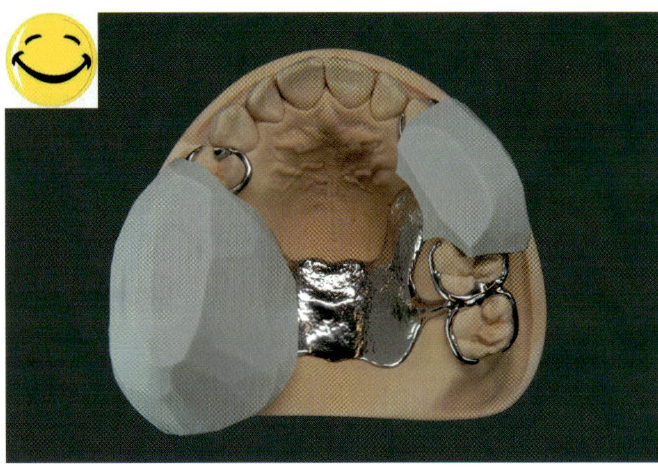

Abb. 280
Silikonvorwälle zur Fertigstellung

Werden die Oralflächen auch ausmodelliert und mit Silikon bedeckt, so können bei entsprechend freigeschnittenen Eingießöffnungen beide Sättel zusammen ausgegossen werden. Die Ausarbeitung der Oralflächen wird so gleichzeitig wesentlich vereinfacht.

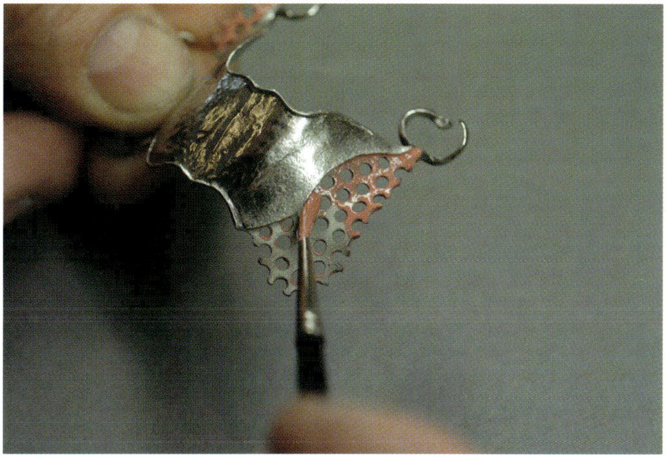

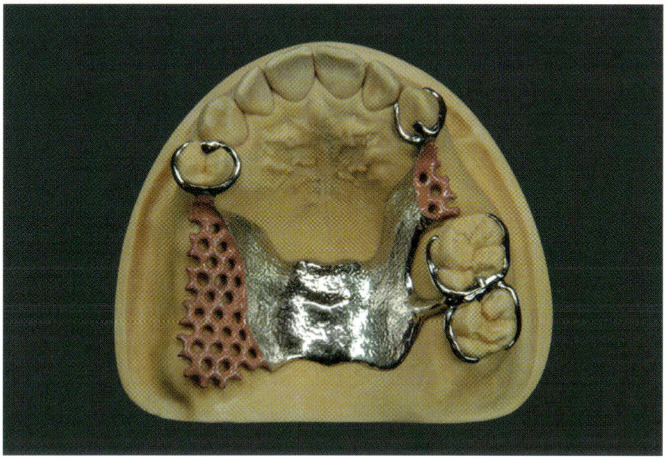

Abb. 281 – 282
Auftrag von rosa Opaker

☺ Werden lichthärtende Opaker verwendet, so verursacht die entstehende Dispersionsschicht oft Schlierenbildung im rosa Sattelkunststoff. Eine Überdeckung des rosa Opakers mit reiner Opakerflüssigkeit und anschließende Polymerisation kann die Bildung von sichtbaren Schlieren verhindern.

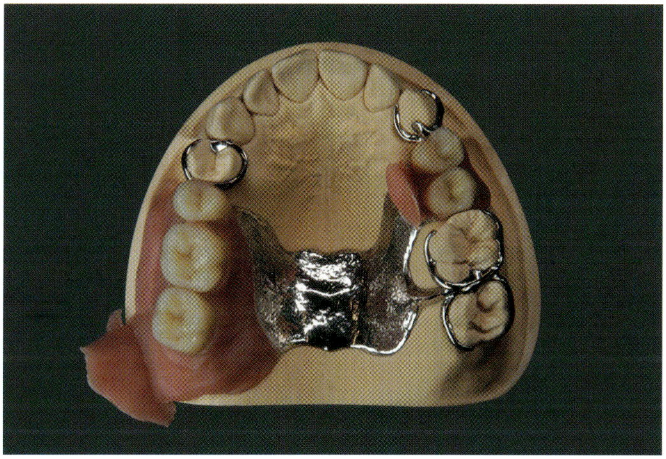

Abb. 283
Prothese mit polymerisierten Sätteln

Abb. 284 – 287
Fertiggestellte
Prothese

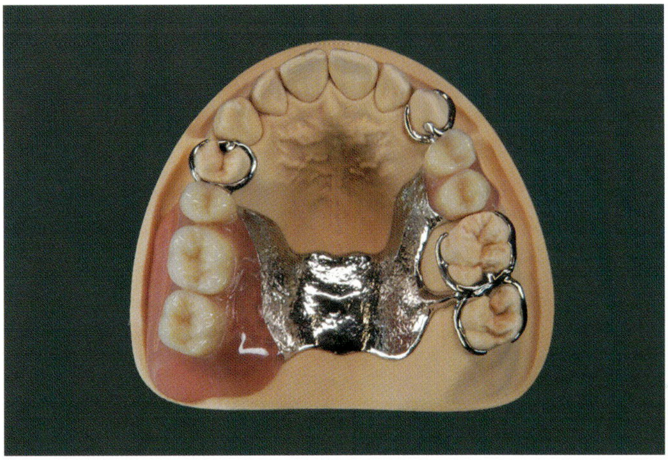

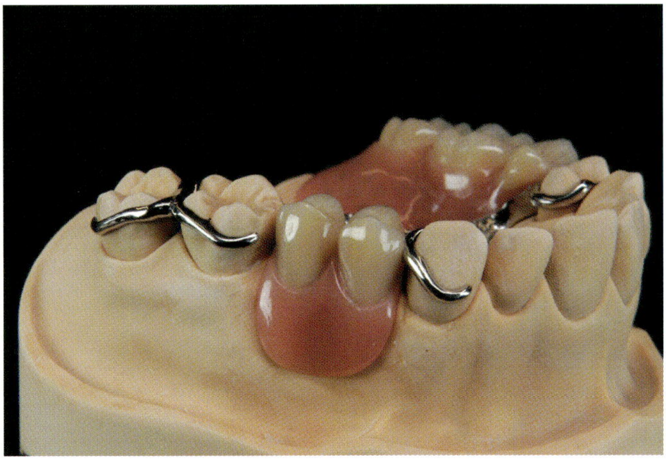

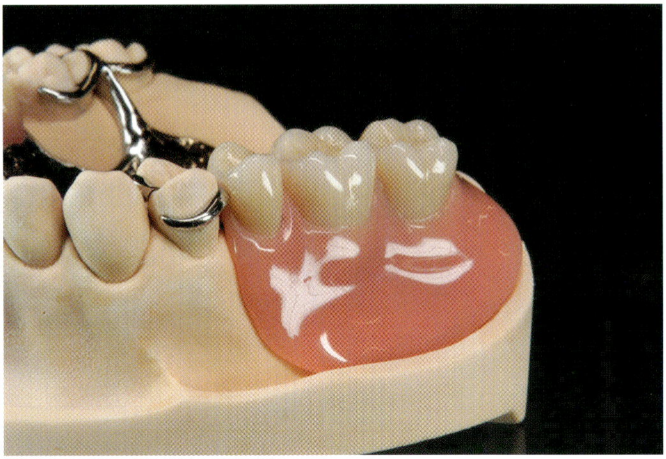

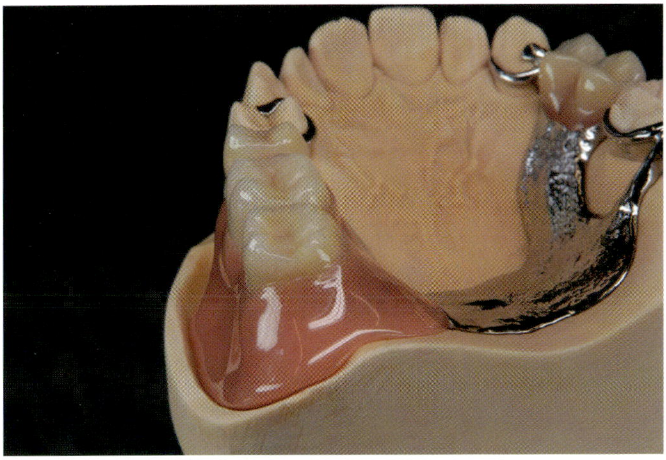

Abb. 287

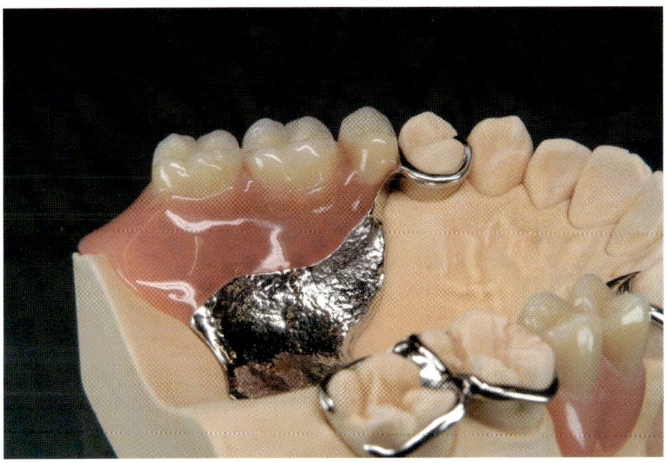

Abb. 288 – 289
Gestaltung der
Prothese von oral

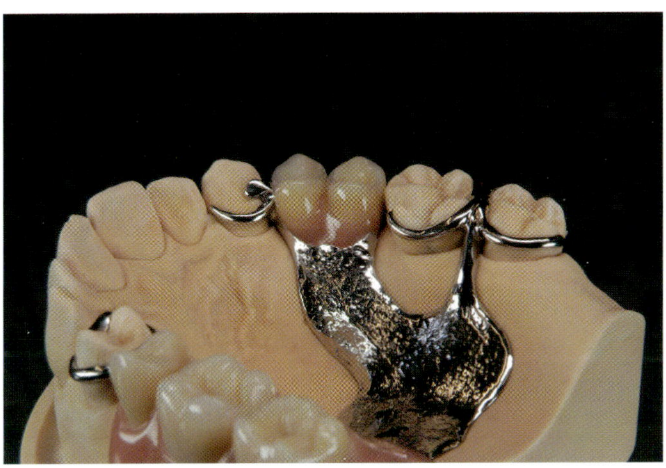

Abb. 290 – 293
Fertiggestellte
Prothese mit
Gegenbiss

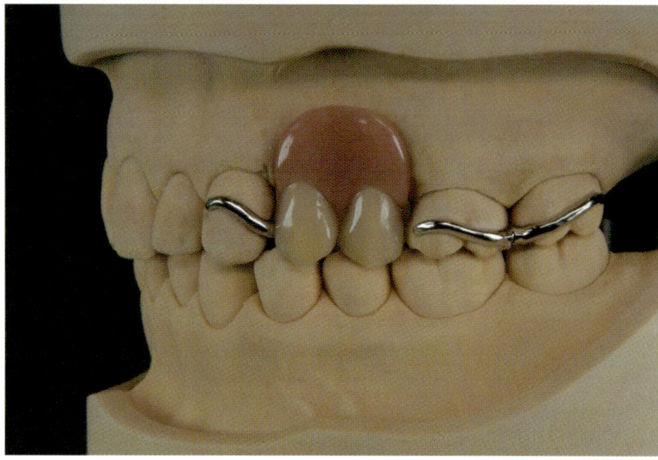

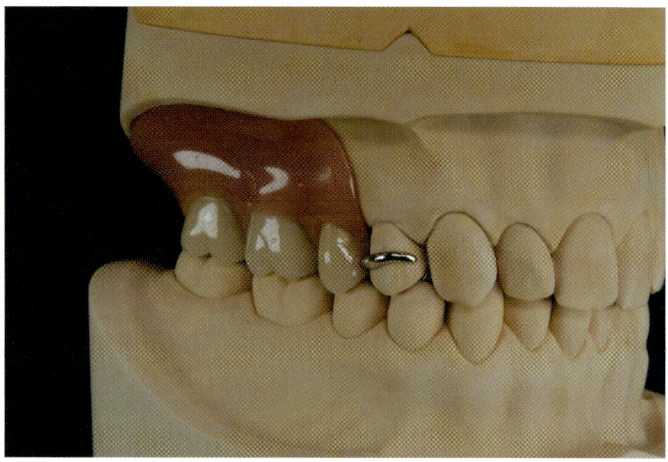

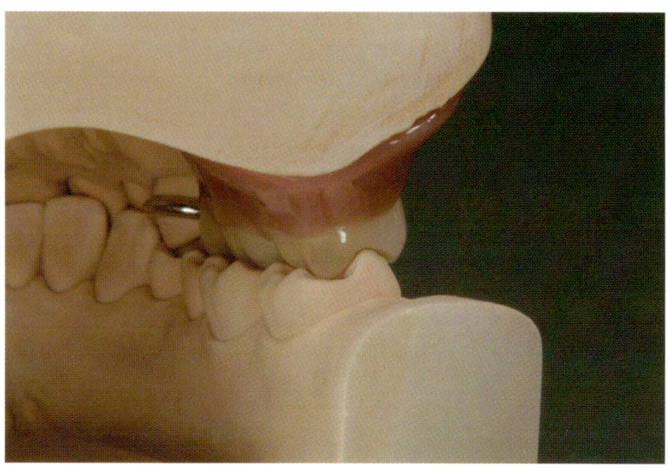

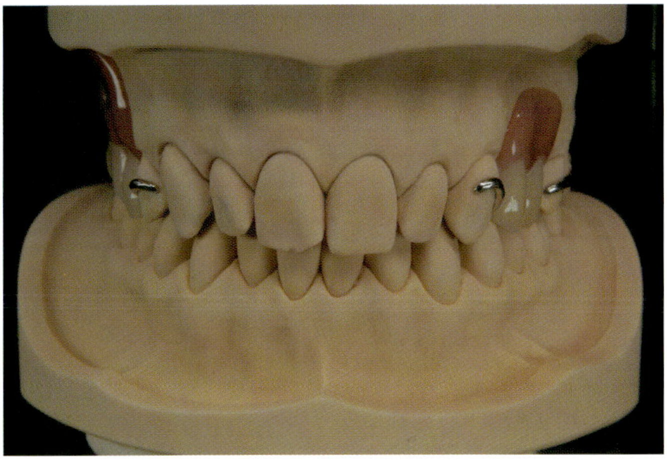

Abb. 293

Arbeitsprobe Totalprothesen

Für die Arbeitsprobe sind in der Ausbildungsordnung fünf Stunden vorgesehen. Während der Arbeitsprobe ist die Prüfungskommission anwesend. Im Gegensatz zu den anderen Prüfungsarbeiten wird bei der Arbeitsprobe nicht nur die fertige Arbeit, sondern der gesamte Herstellungsprozess begutachtet und bewertet. Deshalb ist beim Arbeiten insbesondere auf folgende Dinge zu achten:

- Einhaltung von Arbeitssicherheits- und Gesundheitsschutzmaßnahmen
- Ordnung und Sauberkeit auf dem Arbeitsplatz
- Zielgerichteter Einsatz von Werkzeugen und Geräten
- Sachgemäßer Umgang mit Materialien und Zähnen
- Systematik beim Aufstellen von Front- und Seitenzähnen

In jüngster Zeit wurden neue Aufstellkonzepte entwickelt. Da die Ausbildungsordnung kein bestimmtes Aufstellsystem vorgibt obliegt die Auswahl den Prüfungskommissionen. Frühzeitig müssen Informationen eingeholt werden, welches Aufstellsystem an ihrer Prüfung verwendet oder zugelassen wird. Es ist unbedingt notwendig, sich danach intensiv mit diesem System auseinander zu setzen und die dort beschriebenen Arbeitsschritte ausreichend zu üben.

Die folgende Darstellung der Modellanalyse und der Arbeitsabläufe kann die unterschiedlichen Vorgehensweisen der einzelnen Systeme nicht berücksichtigen.

Vor dem Einartikulieren werden wichtige anatomische Gegebenheiten und Hilfslinien angezeichnet.

Im Oberkiefer werden nur die Medianebene, die ersten großen Gaumenfalten, die Schneidezahnpapille und die Ah-Linie angezeichnet. Auf die Anzeichnung der Kieferkammmitten im Seitenzahnbereich wurde verzichtet, da die Stellung der Oberkieferseitenzähne durch die Unterkieferseitenzähne bestimmt wird.

Im Unterkiefer werden Kieferkammmitte und Mitte der Umschlagfalte im Frontzahnbereich, Kieferkammmitte im Seitenzahnbereich, Unterkieferhöckerchen mit Markierung für die Okklusionsebene und die Medianebene angezeichnet. Mit einem einseitig durch ein passendes Kunststoffröhrchen verlängerten Zirkel wird der Kieferkammverlauf auf die Modellseitenfläche übertragen. Im Bereich des distal stark ansteigenden Kieferkammes wird eine Stopplinie angezeichnet. Diese begrenzt die Aufstellung nach dorsal.

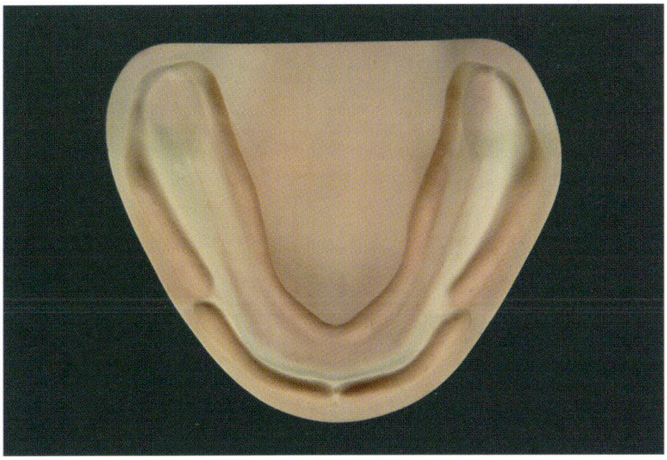

Abb. 294 – 295
Ausgangsmodelle

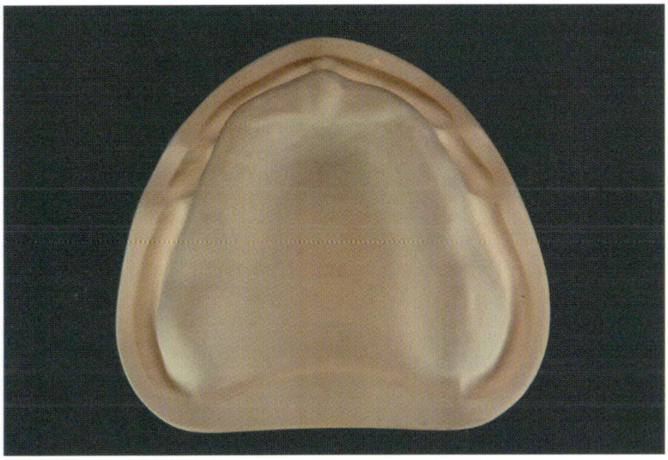

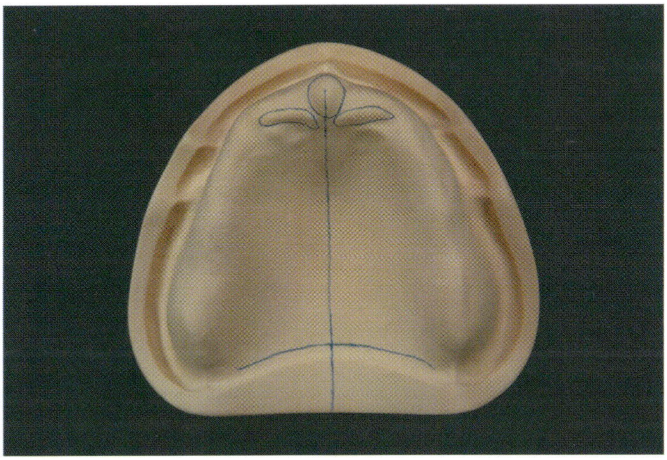

Abb. 296
Modellanalyse OK

Abb. 297
Anzeichnen des Kieferkammverlaufes mit modifiziertem Zirkel

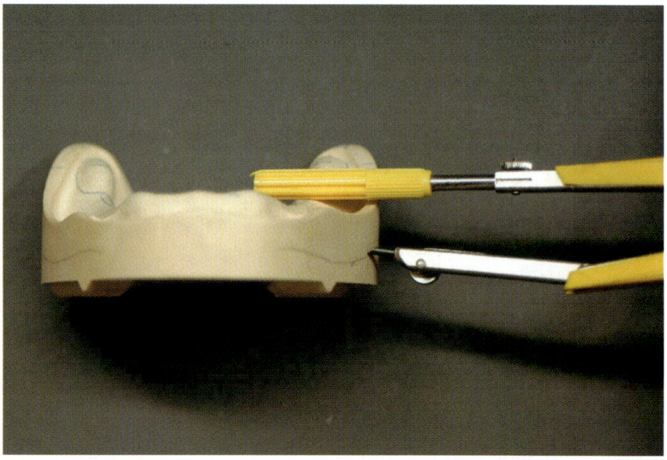

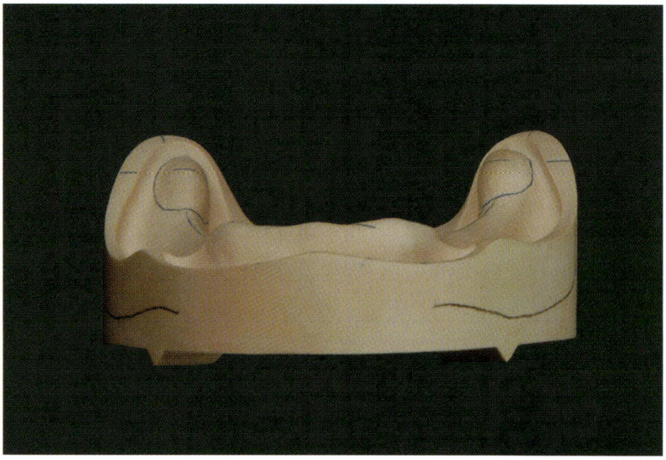

Abb. 298 – 300
Modellanalyse UK

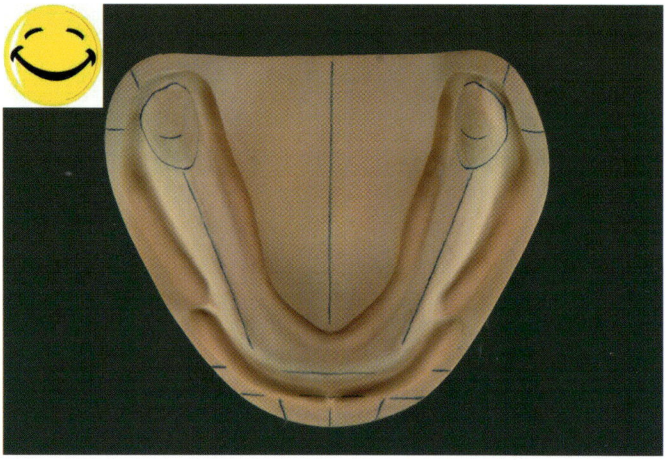

☺ Werden die Anzeichnungen auf den Modellrändern leicht eingeritzt, so können diese nach der Reinigung des Modells leicht wiedergefunden und neu eingezeichnet werden.

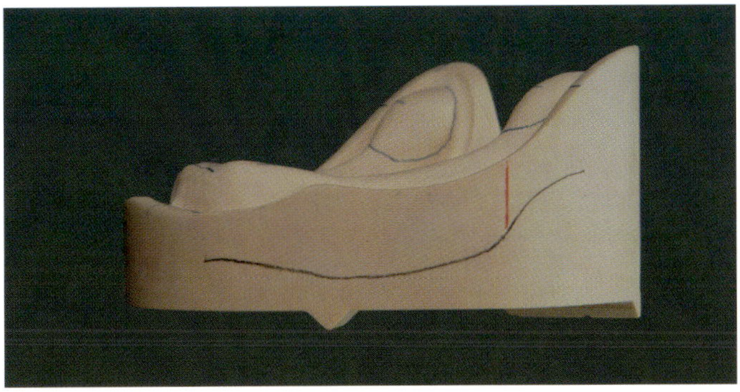

Abb. 300

Zum Einartikulieren wird wie im Kapitel „Einstellen von Modellen nach mittleren Werten in einen Kieferbewegungssimulator“ beschrieben das Unterkiefermodell auf Knetmasse mittelwertig ausgerichtet. Danach werden Bissschlüssel und Gegenbissmodell aufgesetzt und das Oberkiefermodell mit Gips fixiert. Nach Abbinden des Gipses wird der Artikulator umgedreht und das Unterkiefermodell eingegipst. Die Modelle werden isoliert und Basisplatten aus Kunststoff hergestellt. Zur Vorbereitung der Aufstellung werden kleine Wachswälle aufgebaut.

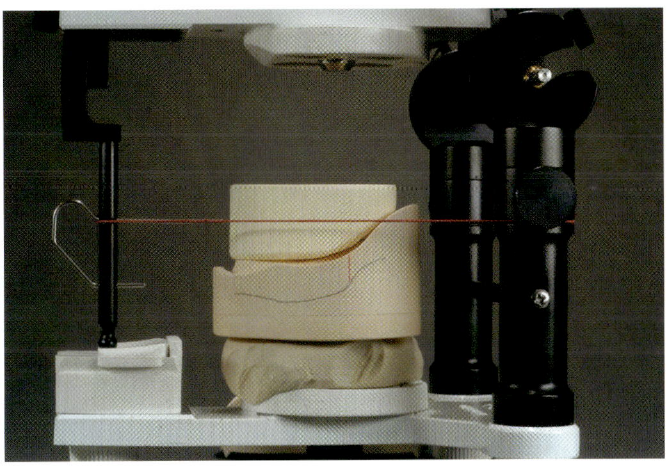

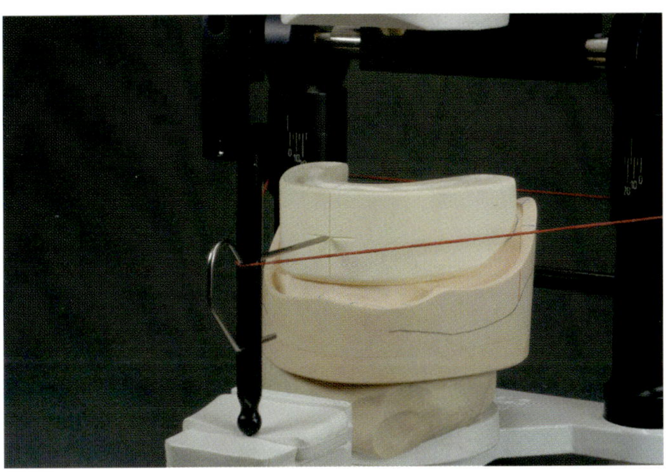

Abb. 301 – 302
Ausrichten des UK-Modelles mit Knetmasse

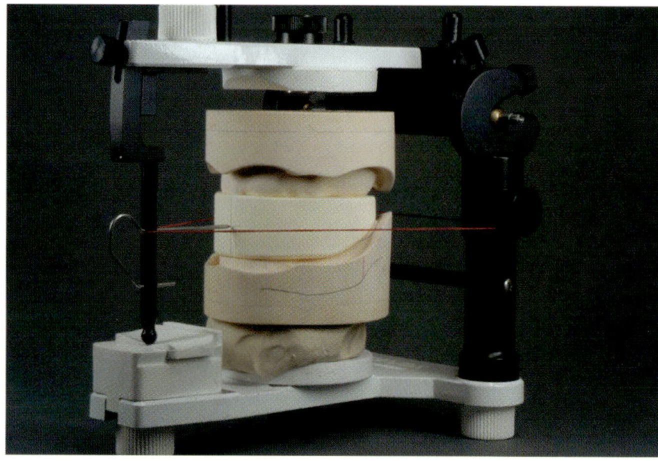

Abb. 303
OK-Modell
aufgesetzt

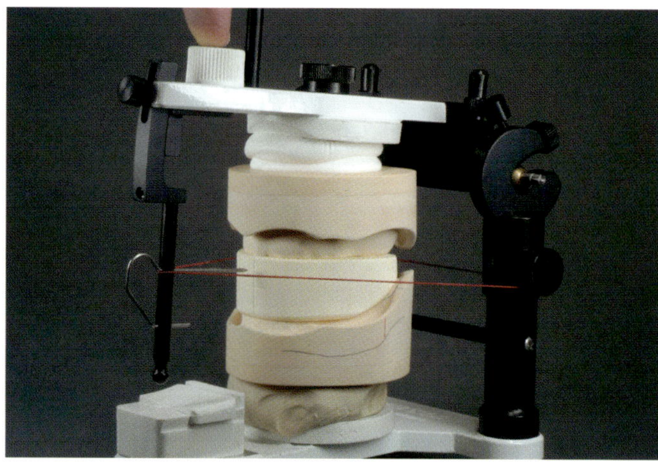

Abb. 304
OK-Modell
wolkig eingegipst

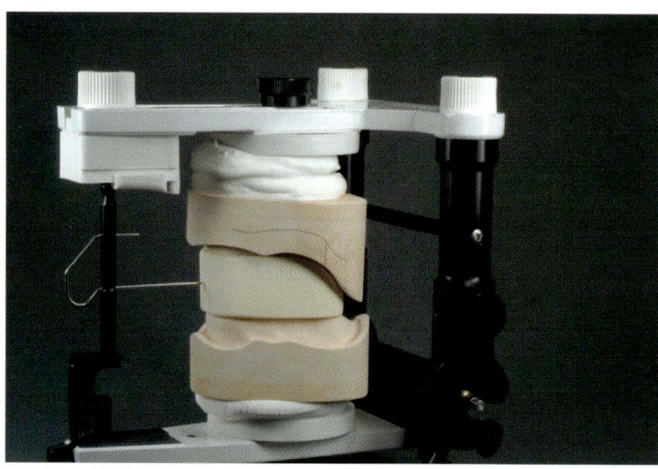

Abb. 305
UK-Modell in
umgedrehten
Artikulator
eingegipst

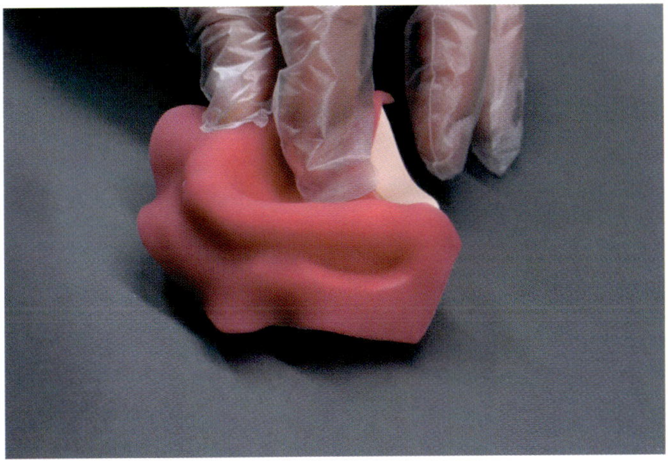

Abb. 306
Adaptieren der Basisplatte

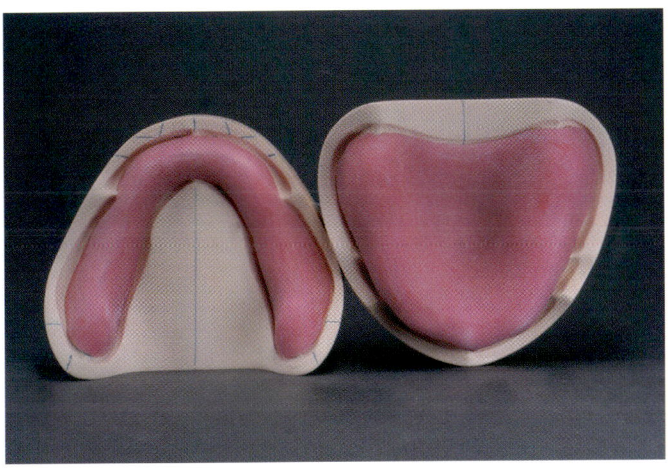

Abb. 307
Fertiggestellte Basisplatten

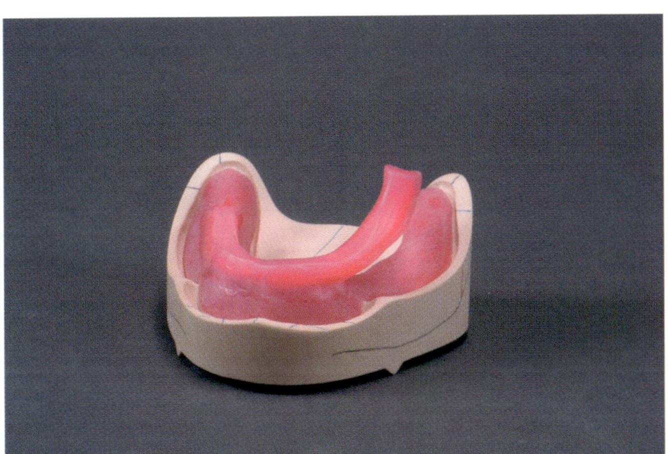

Abb. 308 – 309
Aufsetzen einer Wachsleiste als Aufstellhilfe

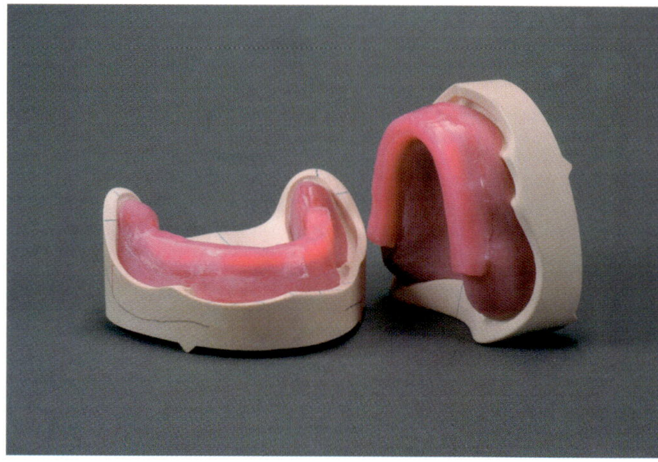

Abb. 309

Die unteren 1er werden mit ihren mesialen Inzisalkanten nach der Spitze des ganz eingeschobenen Inzisalzeigers ausgerichtet. Die Zahnhälse werden nach der Anzeichnung auf die Mitte des frontalen Kieferkammabschnittes gestellt. Die anderen UK-Frontzähne werden in harmonischem Bogen daneben aufgestellt. Die Länge orientiert sich an dem im Artikulator eingelegten Gummiband, welches die Okklusionsebene darstellt.

Die OK-Frontzähne werden mit einem geringen Überbiss platziert. In der Regel führt eine sagittale Stufe in gleicher Größe zu einer funktionellen dynamischen Okklusion.

Nun erfolgt die Aufstellung der UK-Seitenzähne. Dabei sind statische Forderungen wie zum Beispiel die Lage zum Kieferkamm oder die Begrenzung der Zahnreihe nach dorsal zu beachten. Hinter der Stopplinie sollen keine Zähne stehen, da sonst bei Belastung die Prothese auf dem als schiefe Ebene wirkenden Kieferkammabschnitt nach vorne geschoben wird und gegen den frontalen Kieferkammabschnitt drückt.

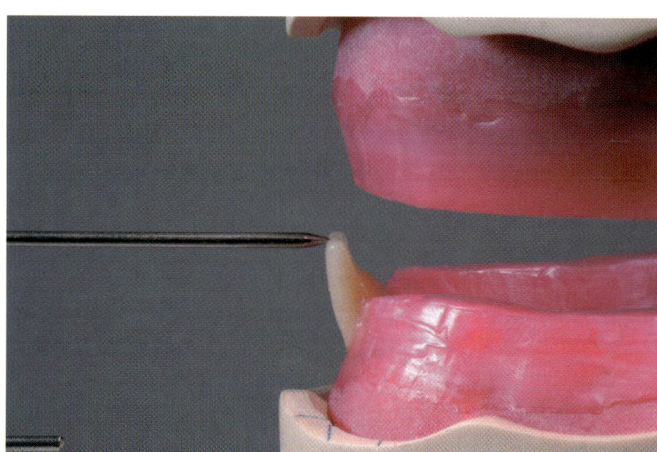

Abb. 310
Inzisalkanten der 1er berühren den Inzisalzeiger

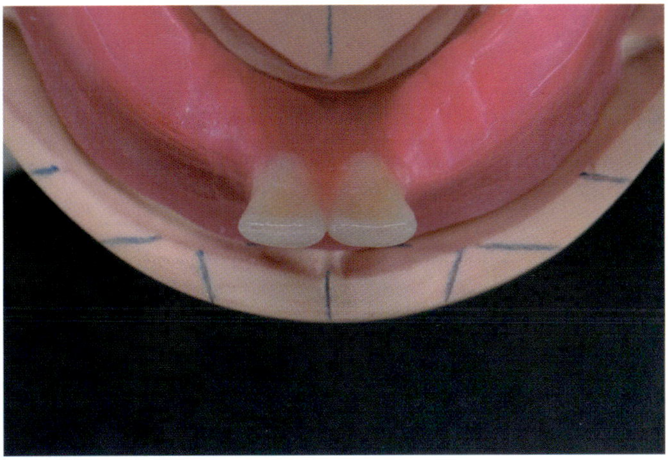

Abb. 311
Frontale
Begrenzung nach
Anzeichnung

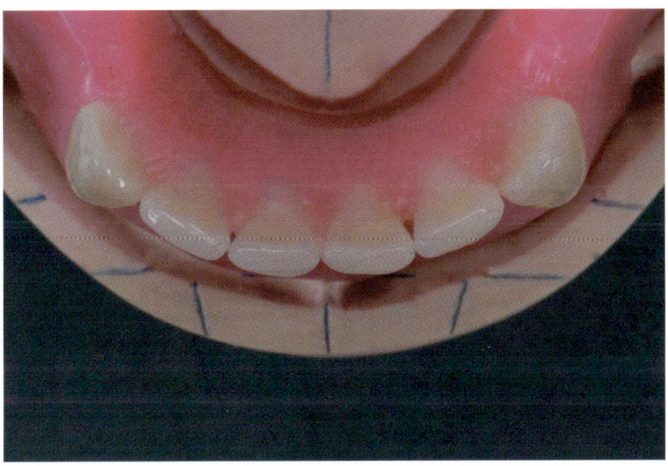

Abb. 312
Aufgestellte
UK-Front

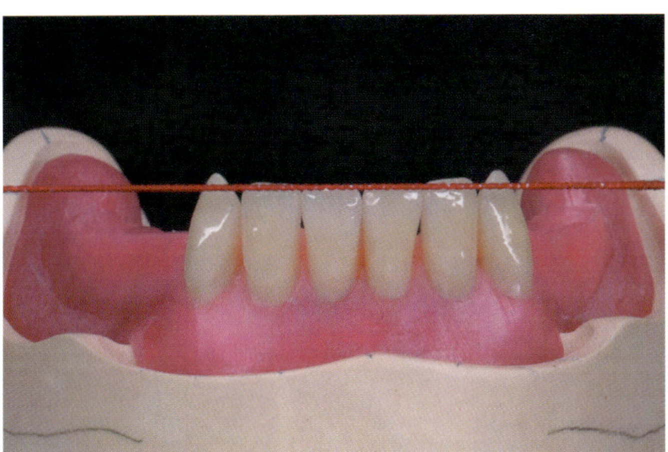

Abb. 313
Ausrichtung der
Schneidekanten
nach Gummiband

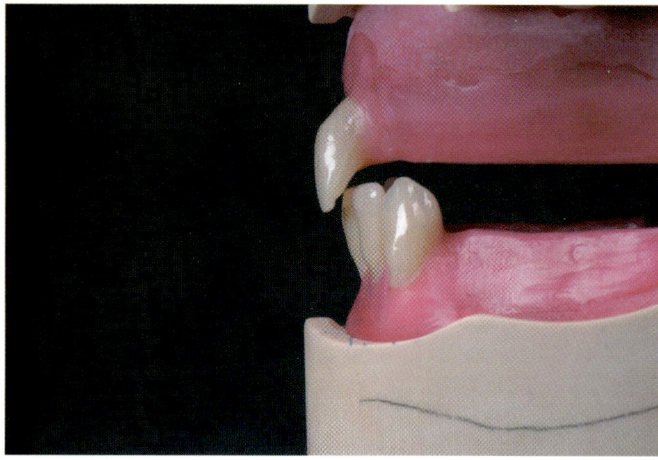

Abb. 314
Aufgestellte
OK-1er mit
sagittaler Stufe

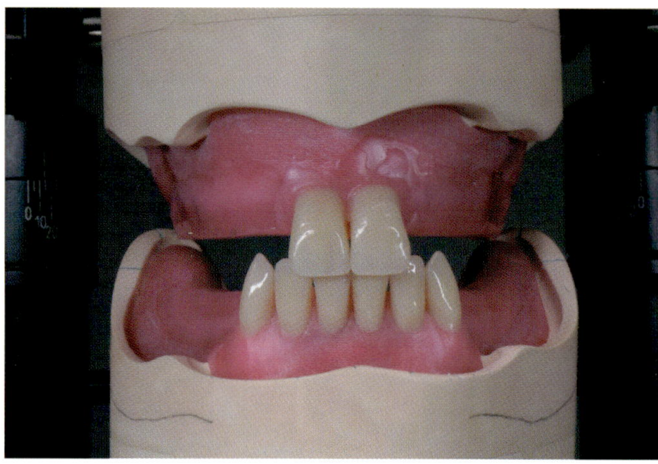

Abb. 315
Aufgestellte
OK-1er mit
frontalem
Überbiss

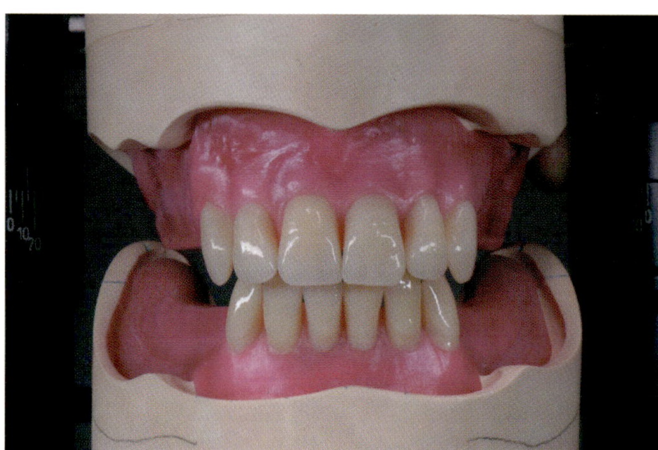

Abb. 316 – 317
Aufgestellte
Frontzähne

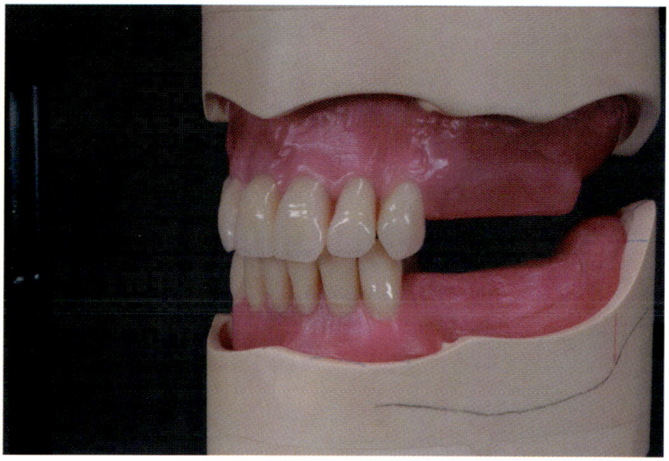

Abb. 317

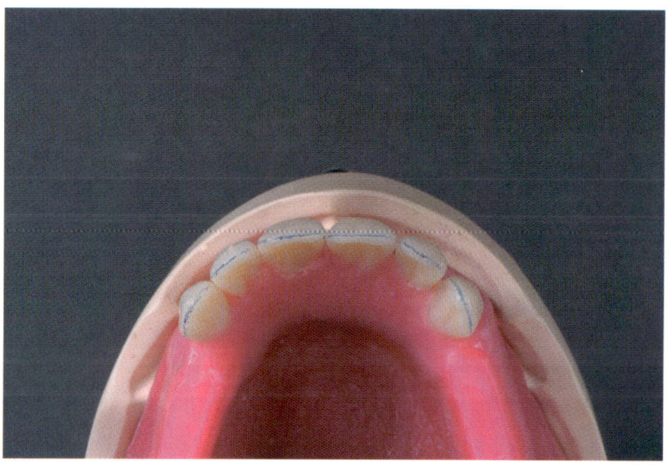

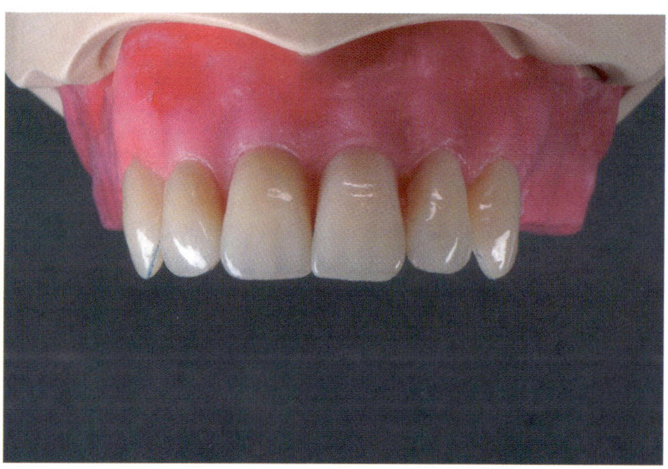

Abb. 318 - 319
Gleichmäßiger
Zahnbogen

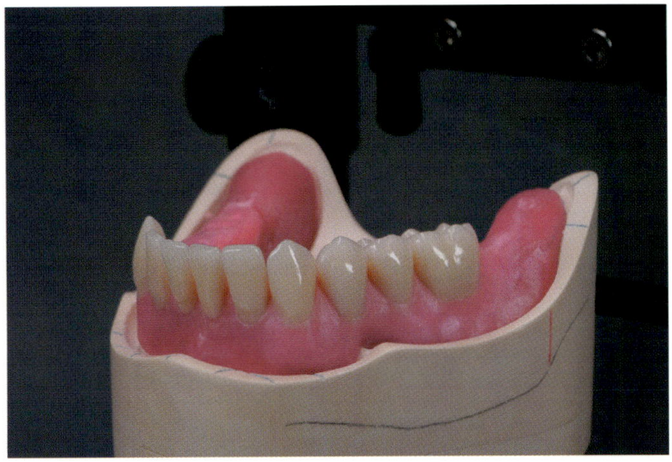

Abb. 320
Aufstellung der UK-Seitenzähne

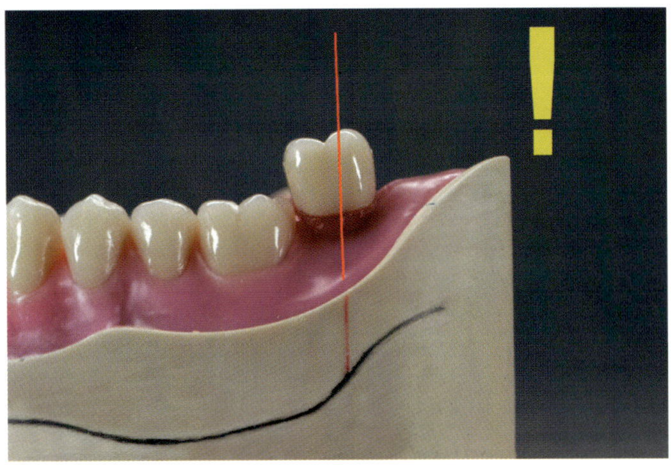

Abb. 321
Zahn über Stopplinie wird nicht aufgestellt

! Sollte bei der Aufstellung der letzte Molar die Stopplinie überschreiten, so darf dieser nicht mehr aufgestellt werden, da sonst bei Belastung die Prothese nach vorne geschoben wird und zu Fehlbelastungen des frontalen Kieferkammabschnittes führt.

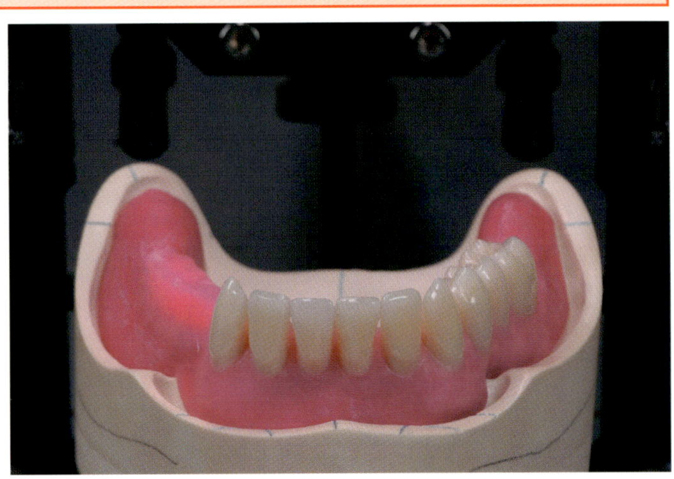

Abb. 322 – 323
Linke Seite fertig aufgestellt

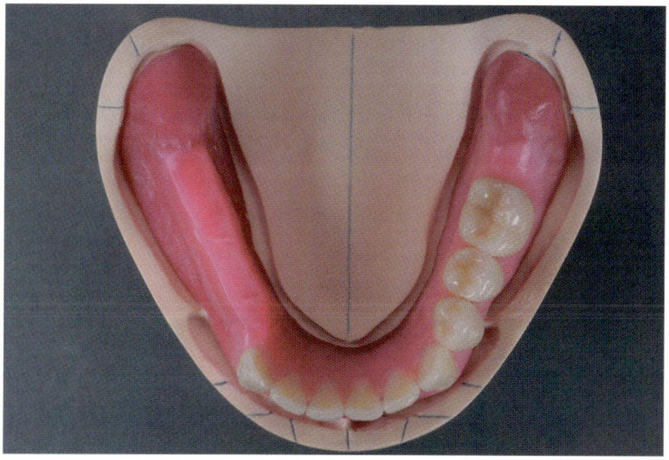

Abb. 323

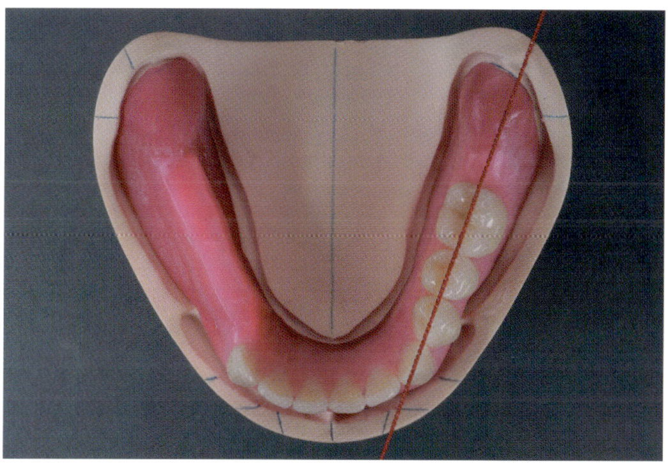

Abb. 324
Kontrolle der
Aufstellung:
Kieferkammmitte

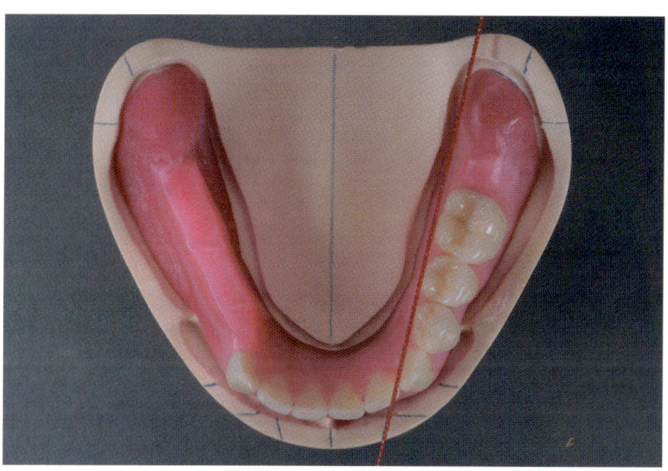

Abb. 325
Kontrolle der
Aufstellung:
Pound´sche Linie

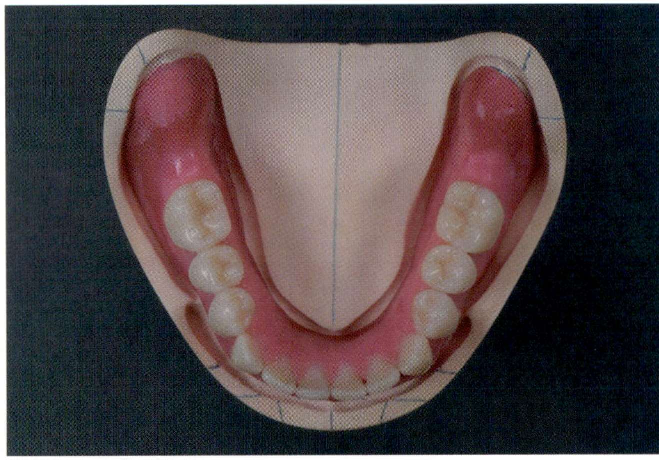

Abb. 326 – 327
UK fertig aufgestellt

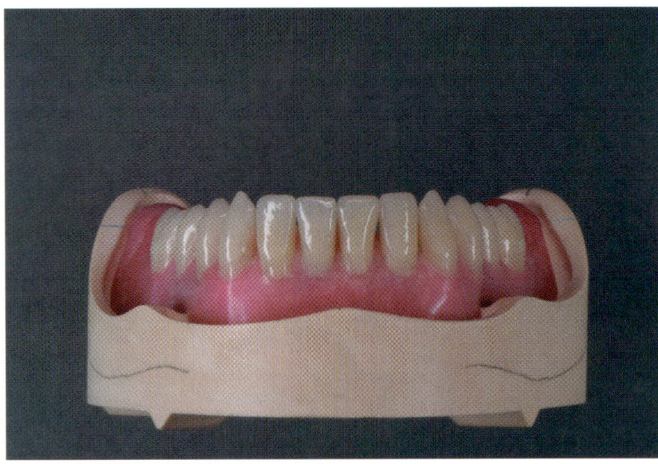

Während der Aufstellung wird jeder Zahn auf seine richtige Lage und Stellung anhand der bei der Modellanalyse vorgenommenen Anzeichnungen kontrolliert. Ein Gummifaden, welcher über die Anzeichnungen gelegt wird, hilft bei der Kontrolle. Der Zahnbogen muss mit dem bei der Modellanalyse festgelegten Kieferkammlinie übereinstimmen. Die Pound'sche Linie verläuft von der mesialen Kante der aufgestellten 3er zum Innenrand der Unterkieferhöckerchen und stellt die orale Begrenzung für die Zahnaufstellung der Seitenzähne dar.

Mit einem auf die Seitenzahnreihen aufgelegter Stütz-, Blei- oder Buntstift kann man leicht erkennen, ob beide Seiten gleich hoch aufgestellt wurden. Mit einem am Artikulator angelegten großen Geo-Dreieck kann überprüft werden, ob die Aufstellung symmetrisch erfolgt ist. Gegebenenfalls muss die Aufstellung korrigiert werden.

Die OK-Seitenzähne werden in maximaler Interkuspidation zum Gegenkiefer aufgestellt. Die Okklusion kann durch gezieltes Einschleifen verbessert werden. Je nach verwendetem Aufstellsystem ist ein weiteres Einschleifen der Seitwärtsbewegungen bis hin zum Artikulationsgleichgewicht erforderlich.

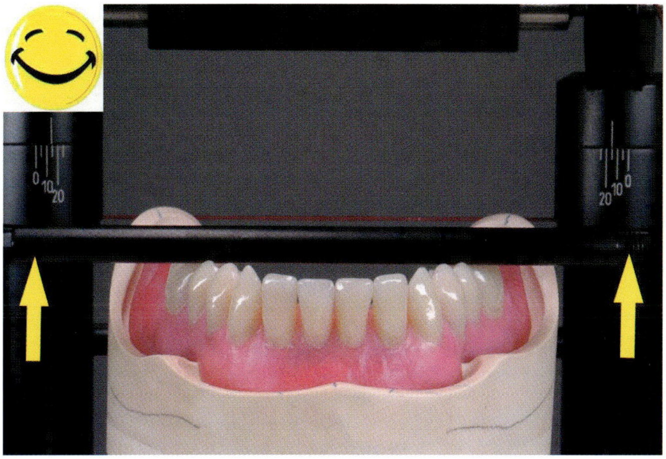

Abb. 328
Aufgelegter Stützstift zur Kontrolle der Seitenzahnaufstellung

> ☺ Ein aufgelegter Stütz-, Blei- oder Buntstift dient zur Orientierung, ob beide Seitenzahnreihen gleich hoch aufgestellt wurden.

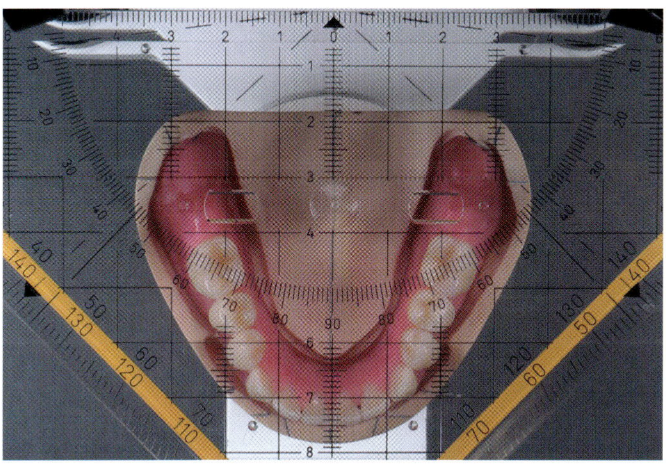

Abb. 329
Kontrolle der Aufstellung mittels Geo-Dreieck

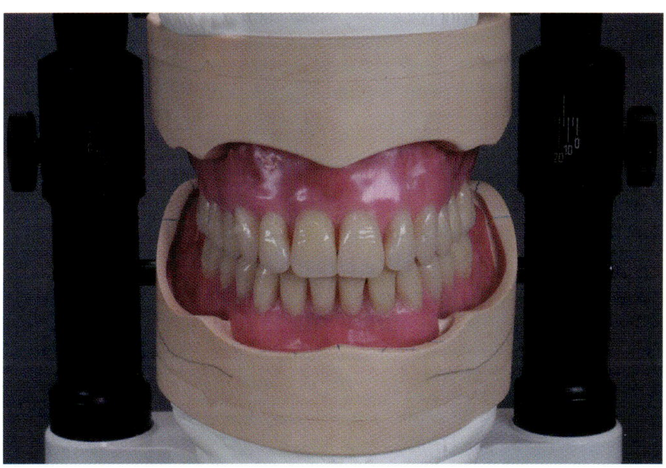

Abb. 330 – 331
Fertig aufgestellte OK-Seitenzähne

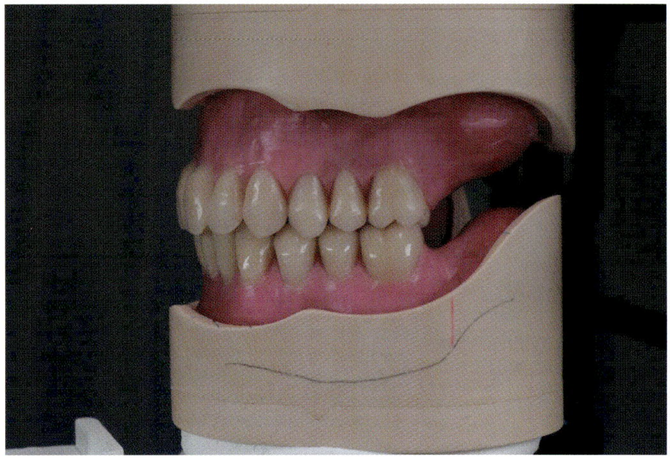

Abb. 331

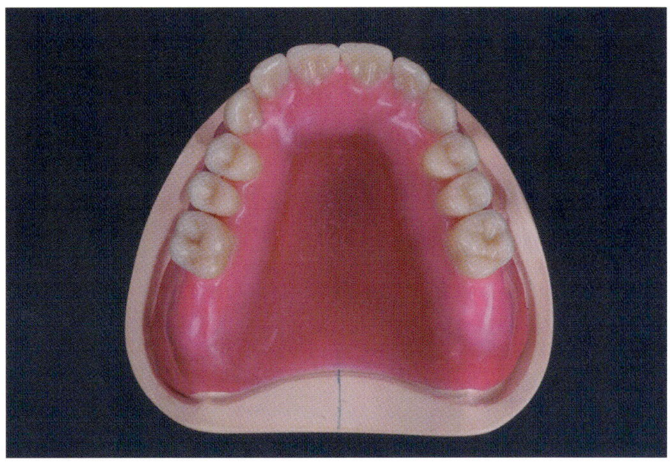

Abb. 332 – 333
Gleichmäßiger
Zahnbogen

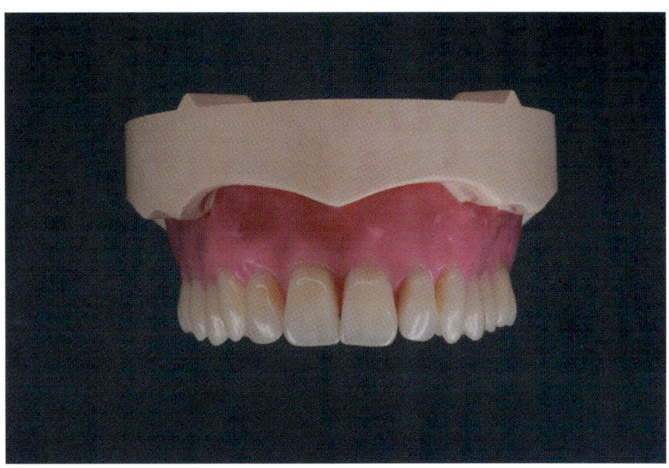

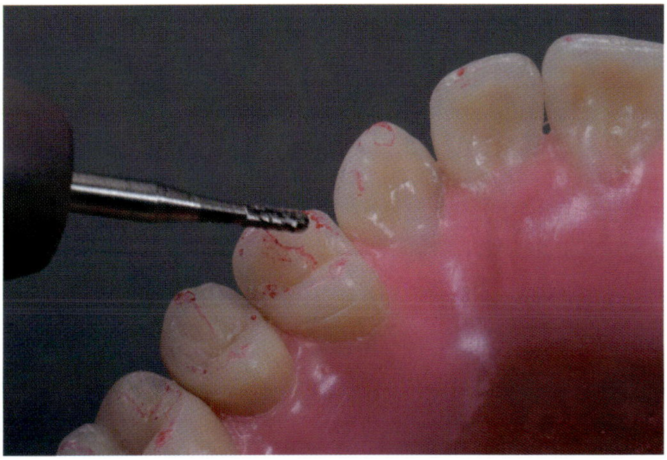

Abb. 334
Einschleifen der Okklusion

Kann kein Wachskonstanter verwendet werden, so kann mit einer erwärmten und der Länge nach zusammengerollten, zugespitzten Wachsplatte sehr schnell Wachs aufgetragen werden. Im Frontbereich werden die Prothesen anatomisch ausmodelliert. Im später nicht sichtbaren Seitenzahnbereich wird die Prothese glatt gestaltet, um ein gedachtes späteres Reinigen der Prothese zu erleichtern. Wird die Wachsoberfläche abgeflämmt, so muss darauf geachtet werden, dass die Höckerspitzen und Inzisalkanten der Zähne nicht durch Überhitzung geschädigt werden.

Die Bewegungsfreiheit der Bändchen muss durch Anlage von Freiräumen an den Prothesenflächen berücksichtigt werden. Ein Freischneiden der Bändchen am Funktionsrand erscheint nicht sinnvoll, da Prothesen in der Regel auf Grundlage von Funktionsabformungen hergestellt werden, welche die Bewegungsräume der Bändchen mit darstellen.

Nach dem Ausmodellieren werden die aufgestellten Prothesen von den Modellen abgenommen und Funktionsränder und die Basalfläche geglättet. Zum Abschluss können die Wachsoberflächen mit Watte unter kaltem Wasser poliert werden, so dass der Eindruck entsteht die Prothesen wären fertiggestellt.

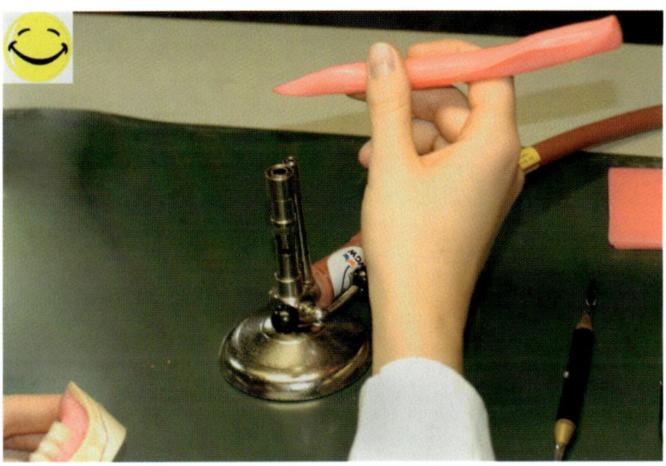

Abb. 335
Gerollte Wachsplatte für Wachsauftrag

Abb. 336
Auftragen des
Wachses

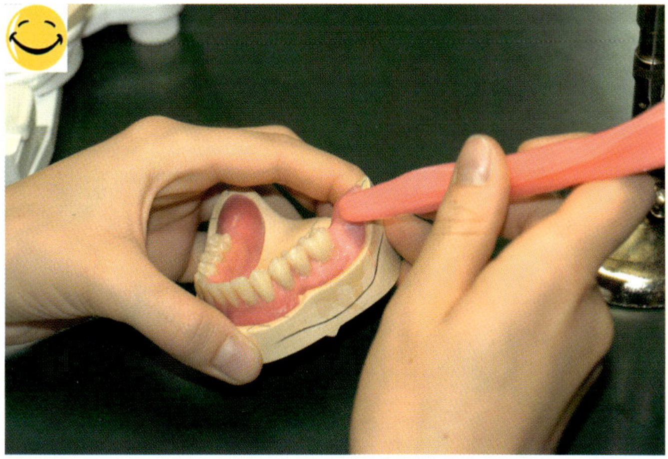

☺ Mit einer erwärmten und der Länge nach zusammengerollten Wachsplatte kann nach etwas Übung sehr schnell Wachs aufgetragen werden.

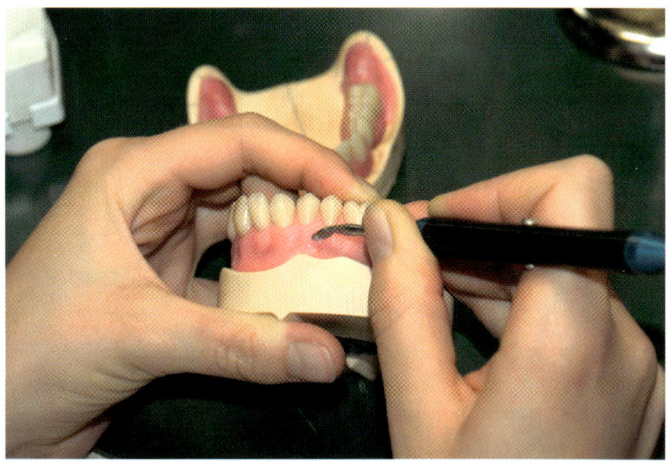

Abb. 337 – 338
Ausmodellieren
der Prothesen

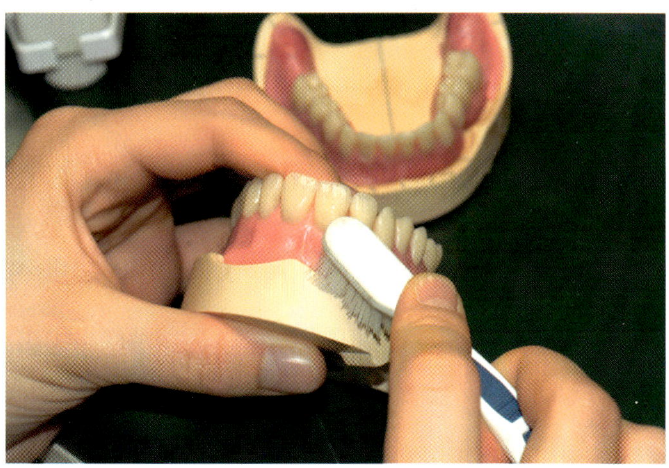

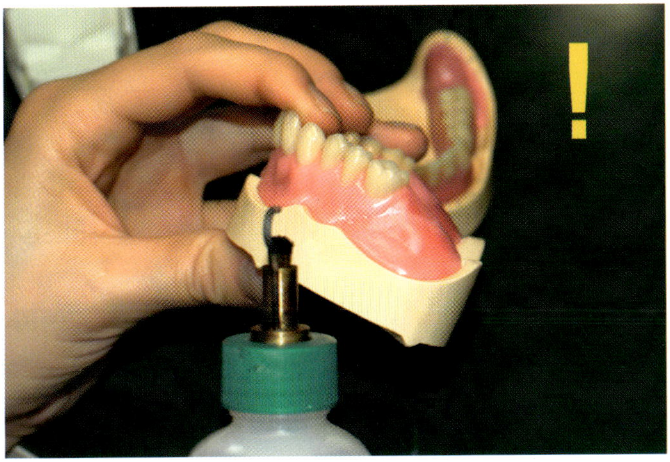

Abb. 339
Glätten der Wachsoberfläche

- Der Kunststoff der Prothesenzähne ist ein schlechter Wärmeleiter. Durch ausgiebiges Abflämmen besteht die Gefahr, dass die Höckerspitzen und Schneidekanten geschädigt werden. Dies wird durch Weißverfärbungen und Porositäten sichtbar. Deshalb ist große Aufmerksamkeit gefordert.

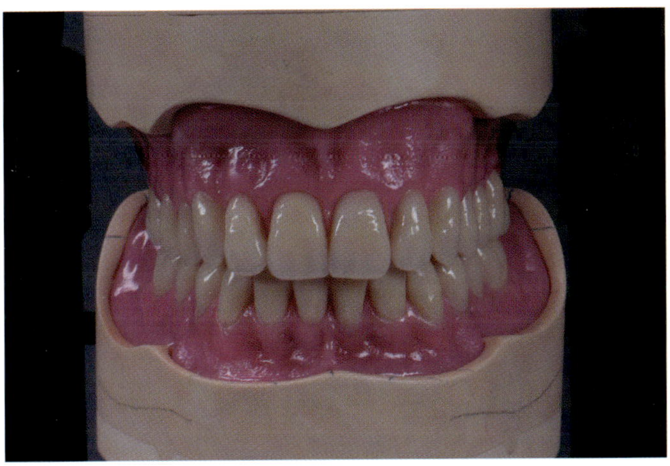

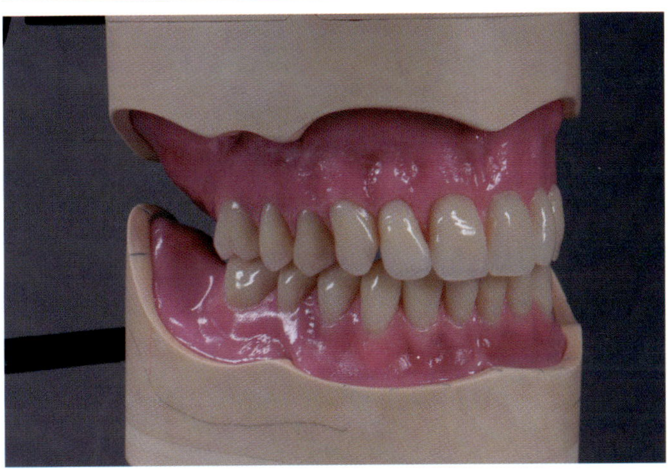

Abb. 340 – 342
Fertige Aufstellung aus verschiedenen Ansichten

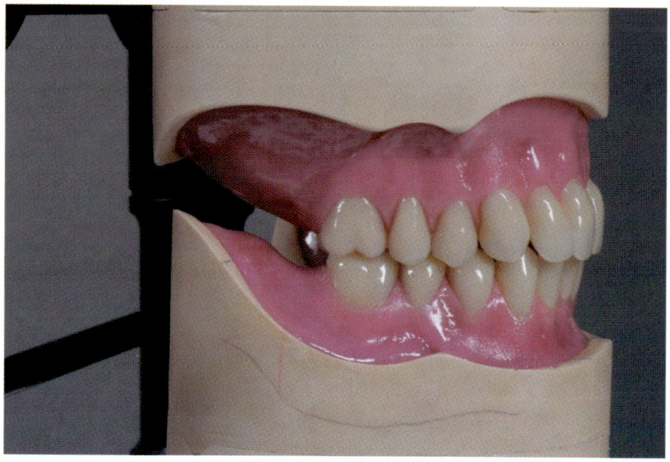

Abb. 342

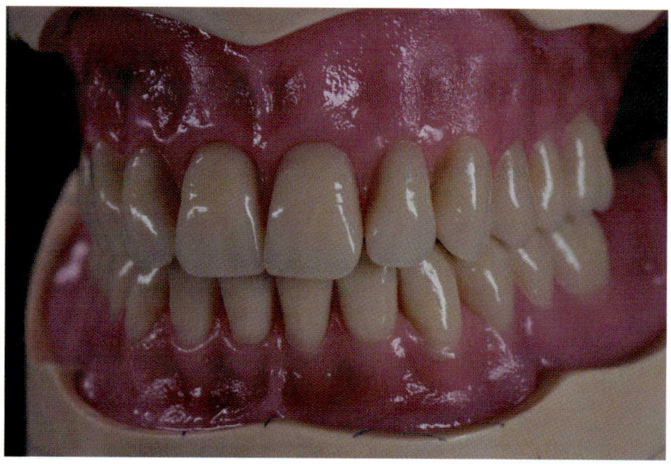

Abb. 343
Natürlicher Gesamteindruck

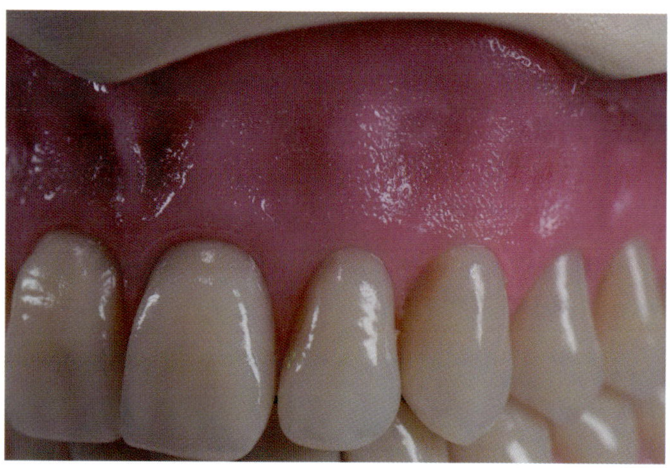

Abb. 344
Anatomische Modellation im Frontbereich

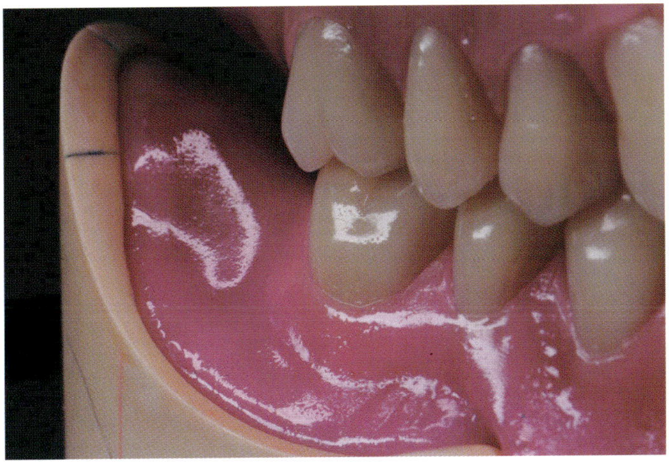

Abb. 345
Glatte Modellation im Seitenzahnbereich

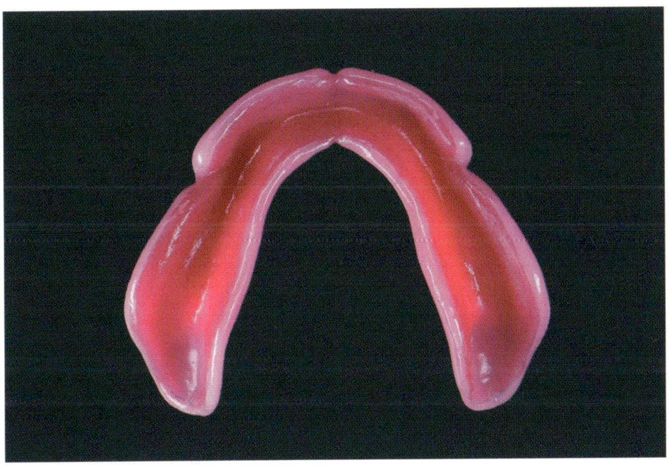

Abb. 346
Saubere Basalfläche

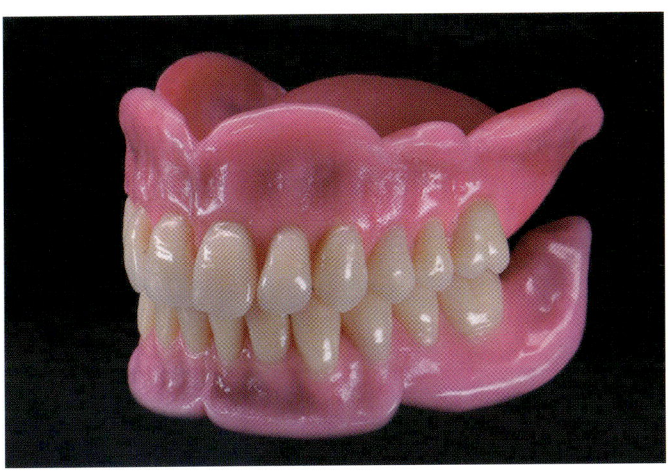

Abb. 347
Das Endergebnis

Planen, Protokollieren, Bewerten

Die Ausbildungsordnung schreibt die Herstellung der Prüfungsstücke einschließlich Planen und Protokollieren der Arbeitsschritte sowie Bewerten des Ergebnisses vor. In welcher Form dies geschieht wird von den Prüfungskommissionen unterschiedlich gehandhabt. Grundsätzlich kann davon ausgegangen werden, dass die Herstellung einer zahntechnischen Arbeit ohne Planung und fortwährende Überprüfung auf Fehler mit entsprechender Korrektur nicht denkbar ist.

Die Vorlagen für diesen Prüfungsteil variieren zwischen einem „leeren Blatt" bis zu detailliert ausformulierten Bögen, auf welchen teilweise nur noch angekreuzt werden muss.

In der Regel wird die Aufgabenstellung aus folgenden Themenfeldern abgeleitet:

Planen

Zielplanung	Konstruktionsmerkmale	• Arbeitsauftrag erfassen • Wie soll die Arbeit aussehen • Welche Kriterien sollen erfüllt sein (⇨ Bewertungskriterien)
Arbeitsplanung	Arbeitsunterlagen	• Sind Arbeitsunterlagen vollständig und in Ordnung
	Materialeinsatz	• Welche Materialien werden benötigt, in welchen Mengen • Welche Hilfsstoffe werden benötigt, in welchen Mengen
	Geräte	• Welche Geräte werden eingesetzt • Sind diese einsatzbereit oder benötigen Vorlaufzeit (z. B. Wachstauchdose, Dampfstrahler, Ausbrühautomat, Keramikofen)
	Werkzeuge	• Welche Werkzeuge werden benötigt
	Rotierende Werkzeuge	• Welche rotierenden Werkzeuge werden benötigt
	Arbeitssicherheit und Gesundheitsschutz	• Welche Maßnahmen zu Arbeitssicherheit und Gesundheitsschutz sind einzuhalten
	Entsorgung von Abfällen	• Welche Abfälle entstehen und wie werden diese vorschriftgemäß entsorgt

Zeitplanung	Zeitdauer der einzelnen Arbeitsschritte	• Wie ist die Abfolge der Arbeitsschritte • Wie lange dauern diese
	Prozess-/Wartezeiten	• Welche Prozess-/Wartezeiten sind zu berücksichtigen • Wie lange dauern diese • Welche Arbeitsschritte können während der Wartezeit vorgezogen werden

Dokumentieren

Arbeitszeiten erfassen	• Zeitdauer der einzelnen Arbeitsschritte
Prozess-/Wartezeiten erfassen	• Zeitdauer der Prozess-/Wartezeiten
Materialien erfassen	• Verbrauchtes Material (Bezeichnung, Menge) • Im Endprodukt vorhandenes Material (Bezeichnung, Menge) • Abfallmenge erfassen
Arbeitsvorgänge erfassen	• Arbeitsweise beschreiben
Prozessdaten erfassen (wo möglich)	• Gussprotokoll, Brennprotokoll, ...

Bewerten

Zeitplanung eingehalten	• Vergleich zwischen Dokumentation und Planung (Ist und Soll)
Materialbedarf richtig eingeschätzt	• Vergleich zwischen Dokumentation und Planung (Ist und Soll)
Konstruktionsmerkmale erfüllt	• Vergleich zwischen Planung und fertiggestellter Arbeit
Fehleranalyse	• Welche Fehler sind entstanden (korrigierbar/nicht korrigierbar) • Wodurch sind diese Fehler entstanden • Wie kann man diese beseitigen bzw. künftig vermeiden
Arbeitssicherheits- und Gesundheitsschutzmaßnahmen eingehalten	• Vergleich zwischen Planung und Arbeitsablauf

Unbedingt müssen hierzu die Vorgaben der zuständigen Kommission erfragt werden, damit keine Unsicherheiten verbleiben und das entsprechende Vorgehen auch geübt werden kann.

Arbeitssicherheit und Gesundheitsschutz

Die besonderen Umstände der Prüfungssituation dürfen nicht dazu führen, dass wichtige Arbeitssicherheits- und Gesundheitsschutzmaßnahmen außer Acht gelassen werden. Deshalb darf die persönliche Schutzausrüstung (Arbeitsmantel, Schutzbrille, Atemschutz, Haargummi, ...) zur Prüfung nicht vergessen werden. Gefahren beim Umgang mit rotierenden Werkzeugen, Einbettmassen, offenen Flammen, Säuren und Anderem müssen beachtet werden.

Wie im Kapitel Täuschungshandlungen beschrieben kann die beharrliche Verweigerung eines Teilnehmers, Sicherheitsbestimmungen zu beachten, als erhebliche Störung des Prüfungsablaufes gewertet werden und somit zum Prüfungsausschluss führen.

Abb. 348
Bettina kommt zur Prüfung

Abb. 349
Sie hat den Arbeitsmantel angezogen

Abb. 350
Noch sind die Haare offen ...

Abb. 351
... werden aber sogleich zurückgebunden

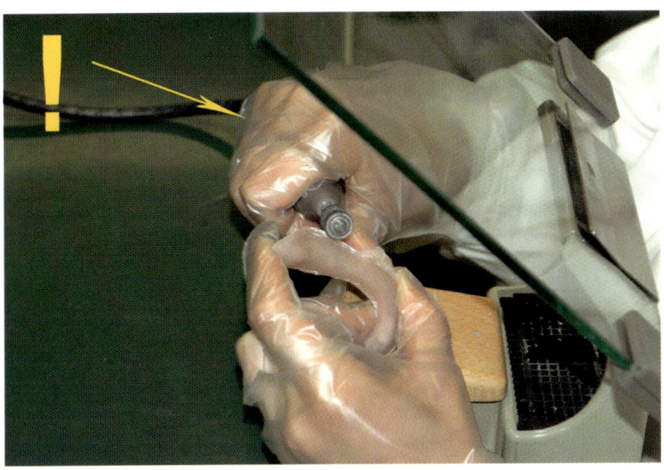

Abb. 352
Bettina schützt sich vor Kunststoff mit Handschuhen

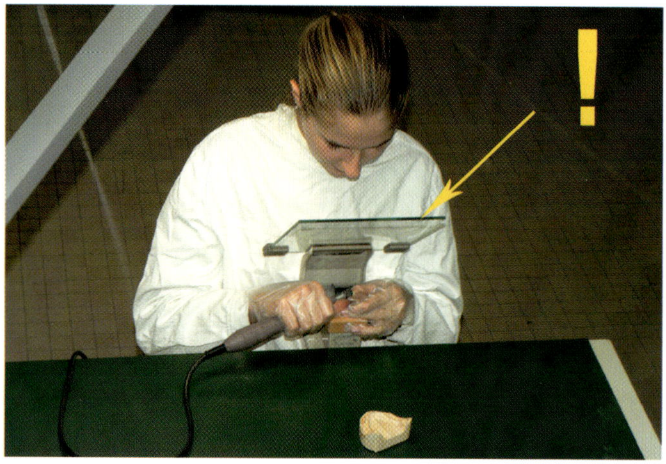

Abb. 353
vor Spänen und Stäuben mit Schutzscheibe und Absaugung ...

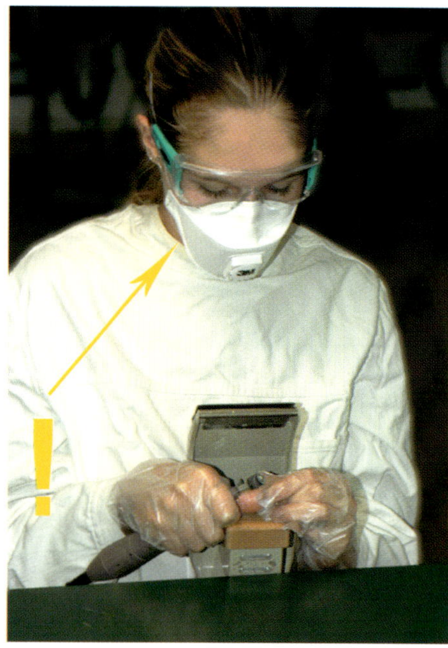

Abb. 354
oder mit Mundschutz, Absaugung und Schutzbrille.

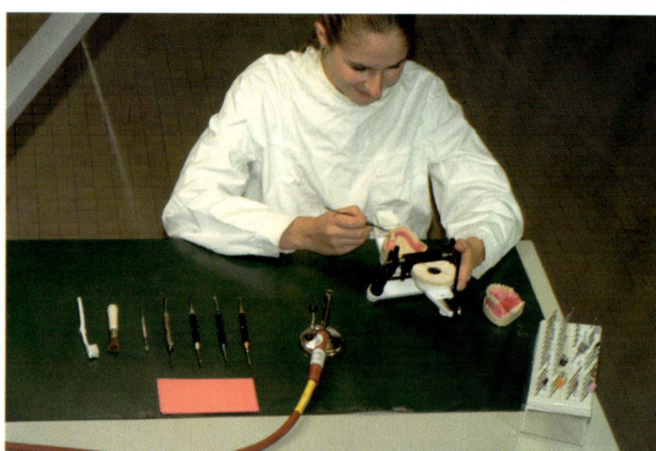

Abb. 355
Der Arbeitsplatz von Bettina, mal ordentlich ...

Abb. 356
oder unordentlich.

Tipps zur Vorbereitung

- Ruhe bewahren! Eine gute Vorbereitung beruhigt ungemein.
- Informationen einholen über: genaue Aufgabenstellung
Planen, Protokollieren, Bewerten
Zeitlicher Ablauf am Prüfungsort
Ausstattung des Prüfungsortes, welche Dinge können/dürfen mitgebracht werden
...
- Werden Prüfungsmodelle im Vorfeld der Prüfung selbst hergestellt muss sehr bedächtig vorgegangen werden. Zum evtl. Versand sorgfältig einpacken, aber nicht luftdicht!
- Prüfungsarbeiten im Labor üben und für die einzelnen Arbeitsschritte die benötigten Zeiten erfassen!
- Verschiedene Modellgusskonstruktionen planen und zeichnen (Anlage).
- Ablaufplan erstellen (Anlage)!
- Materiallisten (Anlage) lesen, prüfen und ergänzen!
- Zu verwendende Materialien festlegen, keine Experimente mit unbekannten Materialien während der Prüfung!
- Notwendige Anmischverhältnisse, Brenntemperaturen herausfinden und auf Listen eintragen (Anlage)!
- Material und Werkzeug vorbereiten, nicht nur neue Fräser einpacken!
- Vorbereiten was möglich ist:
  - Muffel auskleiden, Gussmuldenformer vorbereiten
  - Gusskanalsystem vorbereiten
  - Abwiegen und Abmessen von Massen und Flüssigkeiten, Beschriften
  - Wachsplatte rollen zum Ausmodellieren
  - Wachswälle zum Aufstellen vorbereiten
  - Polierer, Trennscheiben, ... auf Träger montieren, in ausreichender Stückzahl
- Sinnvoll nach Arbeitsgebieten getrennt einpacken!
- Arbeitsplatz geplant einrichten!
- „Nerven-Nahrung“, ausreichend geeignete Getränke mitnehmen!
- Bequeme Lieblingskleidung anziehen!
- Bei Bedarf Kuscheltier oder Glücksbringer mitnehmen!
- Bewertungskriterien lesen, soweit bekannt/vorhanden!
- Anfahrtsweg/Übernachtungsmöglichkeiten checken, Möglichkeit zur Anfahrt mit öffentlichen Verkehrsmitteln prüfen. Nichts stresst so sehr wie ein morgendlicher Stau zu Prüfungsbeginn!

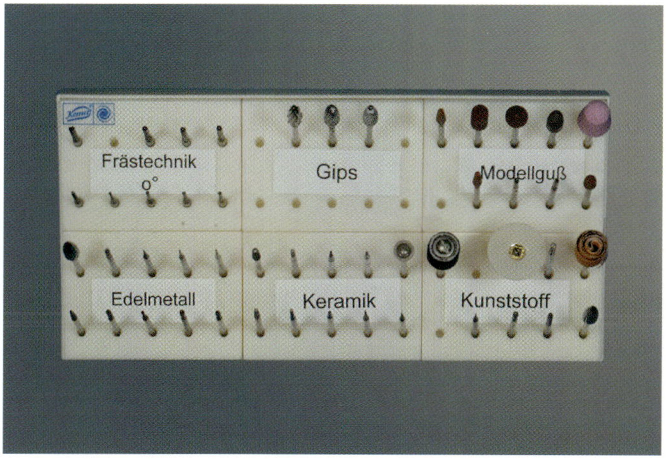

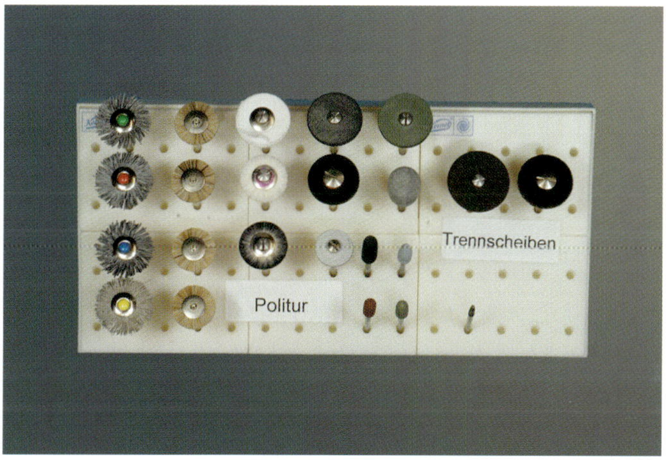

*Abb. 357 – 358
sinnvoll sortierte
rotierende
Werkzeuge*

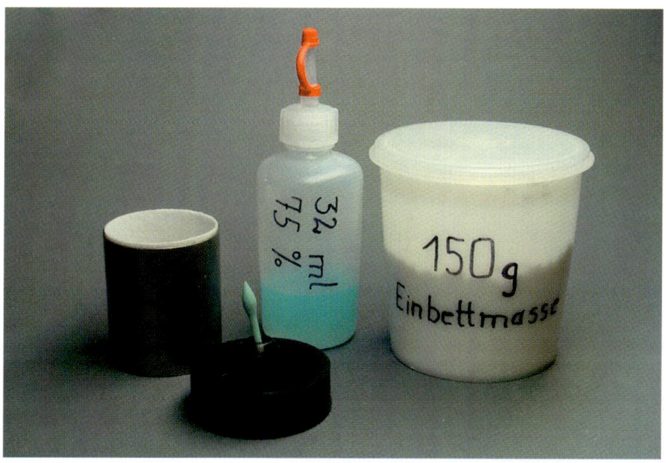

*Abb. 359
Abwiegen und
Abmessen vor der
Prüfung spart Zeit*

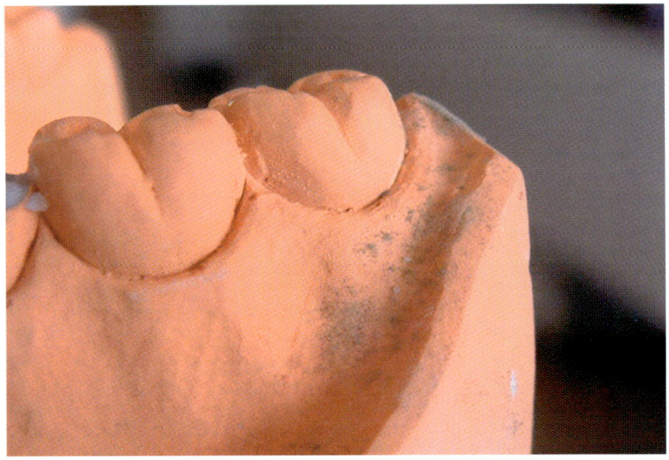

Abb. 360
Schimmelbildung durch unsachgemäße Modellverpackung

Abb. 361
Vorbereitung??

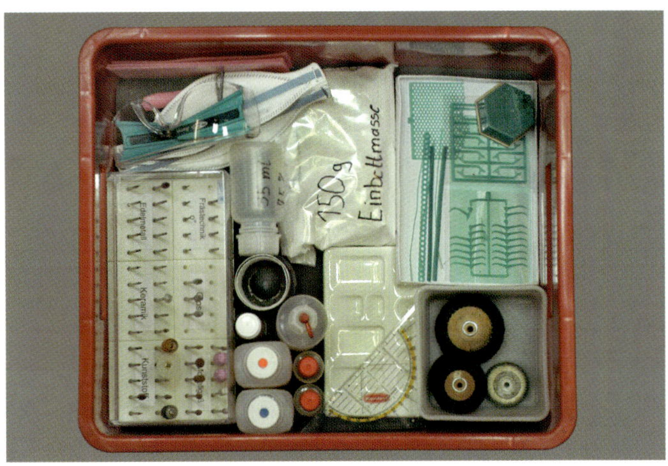

Abb. 362
Ja!!

Täuschungshandlungen und Ordnungsverstöße

So oder ähnlich könnte der Paragraf in der für euch gültigen regionalen Gesellenprüfungsordnung lauten:

1 Prüfungsteilnehmer, die sich einer Täuschungshandlung oder einer erheblichen Störung des Prüfungsablaufs schuldig machen, kann der Aufsichtsführende von der Prüfung vorläufig ausschließen. Die beharrliche Weigerung eines Teilnehmers, Sicherheitsbestimmungen zu beachten, gilt als erhebliche Störung des Prüfungsablaufs.

2 Über den endgültigen Ausschluss und die Folgen entscheidet der Prüfungsausschuss nach Anhören des Prüfungsteilnehmers. In schwerwiegenden Fällen, insbesondere bei vorbereiteten Täuschungshandlungen, kann die Prüfung für nicht bestanden erklärt werden. Das gleiche gilt bei innerhalb eines Jahres nachträglich festgestellten Täuschungen.

Jeder Gedanke an eine mögliche Täuschungshandlung ist zuviel! Der vermeintliche Vorteil einer Täuschungshandlung wiegt das Risiko erwischt zu werden niemals auf. Betrugsversuch bedeutet in der Regel Ausschluss und damit Nichtbestehen der Prüfung. Bei jährlich zwei durchgeführten Prüfungen bedeutet dies gleichzeitig den Verlust des Anspruches auf Gesellenlohn für ca. ein halbes Jahr.

Eine intensive Prüfungsvorbereitung gibt einem die nötige Sicherheit während der Prüfung. Auch wenn mal was schief geht reicht die zur Verfügung stehende Zeit in den meisten Fällen aus, um Teile zu wiederholen oder Fehler zu korrigieren.

Schlussbemerkung

Die beschriebenen Arbeiten stellen nur eine Möglichkeit zur Anfertigung der geforderten Prüfungsstücke dar. Andere Arbeitsweisen werden natürlich auch praktiziert und können zu sehr guten Ergebnissen führen.

Auf eine noch ausführlichere Formulierung der Arbeitsschritte wurde in diesem Buch verzichtet. Die praktische Ausbildung im Betrieb liefert dafür in der Regel die benötigten Kenntnisse und Fertigkeiten.

Ein sehr gutes Ergebnis in der praktischen Prüfung kann erreicht werden, wenn sich die Prüfungsvorbereitungen nicht nur auf wenige Wochen vor der Prüfung erstrecken. Es ist erforderlich, sich während der gesamten Ausbildungsdauer intensiv mit den gerade vermittelten Inhalten auseinander zusetzen, Sachverhalte kritisch zu hinterfragen und seine Fähigkeiten durch intensives Üben zu verbessern.

Wir wünschen allen Prüfungsteilnehmern eine erfolgreiche Prüfung und Glück und Zufriedenheit in einem Beruf, welcher viele Möglichkeiten der Fortbildung und Spezialisierung eröffnet und unseren Mitmenschen ein geniales Produkt liefert: Schöne und funktionsfähige Zähne!

Peter Storz Georg Gloeckner

Kopiervorlage für Modellgusskonstruktionen

Mit dieser Vorlage können auf verschiedene Modellsituationen Modellgusskonstruktionen gezeichnet werden. Die verschiedenen Modellsituationen entstehen dadurch, dass einzelne Zähne oder Zahngruppen vor dem Kopieren mit weißem Papier abgedeckt werden. Nach dem Kopieren können dann Sperrflächen, Basisformen, Klammern, ... eingezeichnet werden (vgl. Abb. 239 – 241).

Besprecht eure Entwürfe mit eurem Ausbilder!

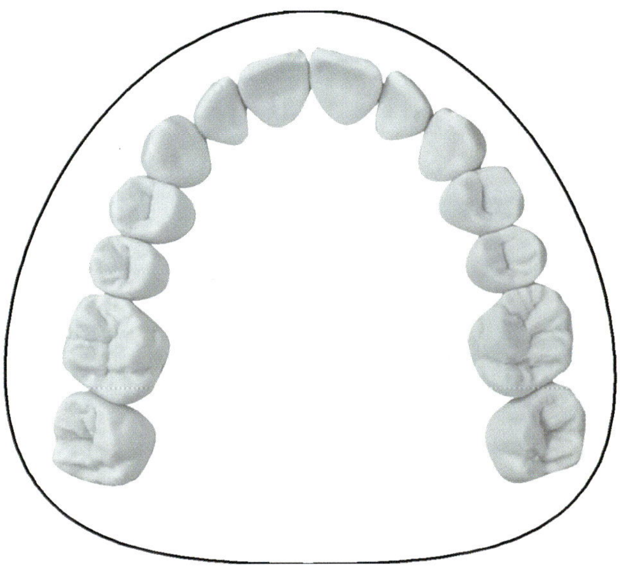

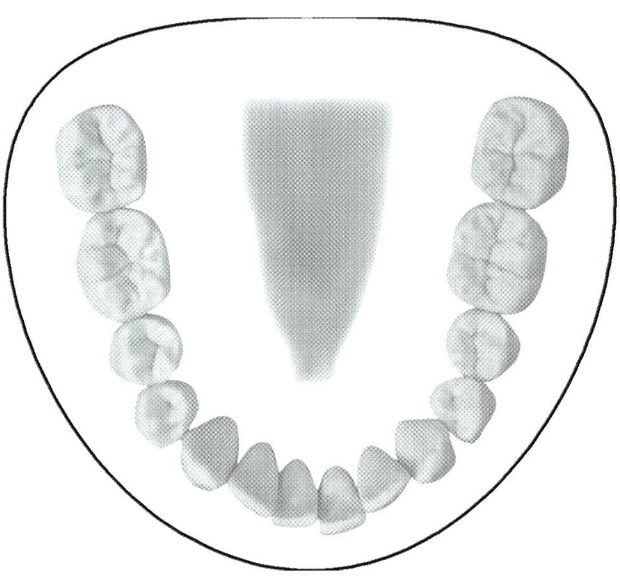

Materialliste zu Brücke, Primärteil und Vollgusskrone in Wachs

Liste gegebenenfalls ergänzen und ankreuzen, wenn eingepackt:

Minenschreiber (Präp.-Grenze)	
Stumpflack	
Stumpfhärter	
Isoliermittel	
Modellierwachs	

Modellinstrumente	
Wachsplatte für Zwischenglied	
Fräswachs	
Wachsfräser	

Gussstifte	
Muffelformer und Muffelringe	
Vlieseinlagen	

Einbettmasse und Flüssigkeit	
Tabelle für Einbetten, Vorwärmen und Gießen	
Original verpackte Legierung	

Parallelfrässatz	
Fräsöl	
Polierpaste	

Okklusionsfolie	
Okklusionsspray	
Pins zum Verschluss der Pinlöcher beim Fräsen	

Keramikinstumente und Pinsel	
Isoliermittel Gips/Keramik	
Opaker	
Modellierflüssigkeit	
Keramikmassen	

Malfarben	
Malfarbenflüssigkeit	
Brenngutträger	
Keramikbrenntabelle	

Lötpinzette	
Passendes Lot	

Löteinbettmasse	

Materialliste zur Arbeitsvorbereitung

Liste gegebenenfalls ergänzen und ankreuzen, wenn eingepackt:

Artikulator, vollständig*	
Artikulationsgips	
Gummifaden	
Knet zum Positionieren der Modelle beim Einartikulieren	

Magnettöpfe mit Magneten oder Ähnliches, passend zum Modell-system	
Isolierung Gips-Gips	
Gipsnapf	
Anrührspatel	

* diese Dinge werden oft zur Verfügung gestellt. Bitte genau erkundigen oder in der Einladung zur Prüfung nachlesen was mitgebracht werden muss.

Materialliste zu Modellguss

Liste gegebenenfalls ergänzen und ankreuzen, wenn eingepackt:

Vermessungszubehör	
Modelltisch	

Unterlegwachs für Sättel	
Unterlegwachs für UK-Bügel	
Ausblockwachs	

Dublierküvette	
Dubliermasse*	

Instrumente zum Modellieren	
Wachs- oder Kunststoffprofile	
Gusswachs	

Modellgusslegierung*	
Ausbettzange, Stichel	
Atemschutzmaske, Schutzbrille	

Zähne*	
Rosa Wachs	
Instrumente zum Aufstellen und Ausmodellieren	
Rotierende Instrumente zum Einschleifen der Zähne	
Okklusionsfolie	

Minenschreiber	

Wachsschaber, Ausblockstift	
Instrumente zum Wachsauftragen und Wachsschaben	

Einbettmasse	
Tabelle für Einbetten, Vorwärmen und Gießen	

Gusskanäle, Gusstrichter	
Muffelformer oder Krepp-manschette	

Rotierende Werkzeuge zum Ausarbeiten und Polieren	
Polierpasten	

Gips oder Silikon für Vorwall	
Isolierung Gips-Kunststoff	
Prothesenmaterial Monomer, Polymer	
Anmischbecher	
Rotierende Instrumente zum Ausarbeiten, Polieren	

* diese Dinge werden oft zur Verfügung gestellt. Bitte genau erkundigen oder in der Einladung zur Prüfung nachlesen was mitgebracht werden muss.

Materialliste zu Arbeitsprobe Totalprothesen

Liste gegebenenfalls ergänzen und ankreuzen, wenn eingepackt:

Artikulator, vollständig*	
Artikulationsgips	
Gummifaden	
Knet zum Positionieren der Modelle beim Einartikulieren	

Magnettöpfe mit Magneten oder Ähnliches, passend zum Modell-system	
Isolierung Gips-Gips	
Gipsnapf	
Anrührspatel	

Isolierung Gips-Kunststoff	
Basismaterial*	

Schutzhandschuhe	
Fräser zum Ausarbeiten der Basis	

Rosa Wachsplatten	
Frontzähne, Seitenzähne*	
Geo-Dreieck	
Instrumente zum Aufstellen und Ausmodellieren	

Rotierende Werkzeuge zum Einschleifen	
Okklusionsfolie	
Watte, Spiritus oder Ähnliches zum Reinigen	
Atemschutzmaske, evt. Haargummi oder Haarnetz, Schutzbrille	

* diese Dinge werden oft zur Verfügung gestellt. Bitte genau erkundigen oder in der Einladung zur Prüfung nachlesen was mitgebracht werden muss.

Kontrollliste für die Gusstechnik

Liste zur Vorbereitung ergänzen:

Einbettmasse Primärteil					
Bezeichnung			....		
Anmischverhältnis Pulver/Flüssigkeit			.....................g/..................ml		
Anmischflüssigkeit:	Abbindezeit:	Aufheizen	Aufheizen	Aufheizen	Speedguss
Konzentrat / H_2O ....% .... ml / .... ml	.... min	Stufe 1 .... min ....°C	Stufe 2 .... min ....°C	Stufe 3 .... min ....°C	In Ofen nach .... min ....°C

Einbettmasse Brücke					
Bezeichnung			....		
Anmischverhältnis Pulver/Flüssigkeit			.....................g/..................ml		
Anmischflüssigkeit:	Abbindezeit:	Aufheizen	Aufheizen	Aufheizen	Speedguss
Konzentrat / H_2O ....% .... ml / .... ml	.... min	Stufe 1 .... min ....°C	Stufe 2 .... min ....°C	Stufe 3 .... min ....°C	In Ofen nach .... min ....°C

Schmelzen und Gießen: Primärteil				
Gussverfahren:		....		
Legierung	Menge	Gießtemperatur	Wartezeit nach Erschmelzen	Tiegelart
....	.... g	.........................°C	.... sec.	....

Schmelzen und Gießen: Brücke				
Gussverfahren:		....		
Legierung	Menge	Gießtemperatur	Wartezeit nach Erschmelzen	Tiegelart
....	.... g	.........................°C	.... sec.	....

Einbettmasse Modellguss					
Bezeichnung			....		
Anmischverhältnis Pulver/Flüssigkeit			.....................g/..................ml		
Anmischflüssigkeit:	Abbindezeit:	Aufheizen	Aufheizen	Aufheizen	Speedguss
Konzentrat / H_2O ....% .... ml / .... ml	.... min	Stufe 1 .... min ....°C	Stufe 2 .... min ....°C	Stufe 3 .... min ....°C	In Ofen nach .... min ....°C

Schmelzen und Gießen: Modellguss				
Gussverfahren:		....		
Legierung	Menge	Gießtemperatur	Wartezeit nach Erschmelzen	Tiegelart
....	.... g	.........................°C	.... sec.	....

Löten (wenn mal was schief geht)				
Legierung	**Lot 1** Arbeitstemperatur	**Lot 2** Arbeitstemperatur	**Lötblock aufheizen auf***	**Flussmittel**
Primärteil	.........................°C	.........................°C	.........................°C	
Brücke	.........................°C	.........................°C	.........................°C	
Modellguss	.........................°C	.........................°C	.........................°C	

* Es empfiehlt sich nur Löteinbettmassen zu benutzen die ihr aus eurem Labor kennt!

Brenntabelle

Keramik	
Bezeichnung:	....
Ofentyp:	....
Abstrahlmittel; Körnung:	..................; ....µm
Vorbehandlung des Gerüstes:	....

	Oxidbrand	Washbrand	Opaker	1. Dentin	2. Dentin	3. Dentin	Glanzbrand
Vakuum ....°C .... min.							
Trockenzeit ....°C .... min.							
Vorwärmen ....°C .... min.							
Start-temperatur ....°C .... min.							
Aufheizrate ....°C .... min.							
Brenn-temperatur ....°C .... min.							
Langzeit-Abkühlung ....°C .... min.							

Ablaufplan

1. Zeitfenster für Prüfungsstücke 1 – 3 (27 Stunden) und Arbeitsprobe (5 Stunden) farblich markieren.
2. Abfolge der geplanten Arbeitsschritte stichwortartig eintragen, z. B.: Einartikulieren, Brücke modellieren, ...

Tag / Zeit	1	2	3	4	5
8:00					
9:00					
10:00					
11:00					
12:00					
13:00					
14:00					
15:00					
16:00					
17:00					

Stichwortverzeichnis